초보자도
하루 **60분 5일**에
끝내는 재테크의 완성

초보자도
하루 60분 5일에
끝내는 재테크의 완성

박연수 지음

도서
출판 **청 연**

머리말

우리는 사랑을 주제로한 드라마를 보면서 내용이 진부하다거나, 막장드라마라고 비난하면서도 또 새로운 드라마가 나오면 드라마를 시청한다. 그래서 드라마는 욕하면서 본다는 얘기가 생겼나 보다.

출판시장에서 재테크 책도 욕하면서 본다는 막장드라마의 위치에 있는 것 같다. 쓸데없는 내용을 가지고 독자들의 욕망을 자극한다는 점에서 그렇다.

사람이 사는 세상에서 사랑과 돈만큼 강력한 주제가 있을까. 이 때문에 사랑과 돈을 다룬 콘텐츠는 끊임없이 반복해서 소비된다.

그럼에도 이 책이 찰라의 안위를 넘어서서 독자 여러분의 실제 경제생활에 도움이 되기를 기대하며 이 책을 쓴다.

재테크는 진부한 주제다. 말의 성찬으로 끝나는 것이 대부분이다. 사실 재테크는 생각 없이 나가는 돈들을 계획적으로 쓰고 이렇게 아껴 모은 돈을 가지고 미래에 의미 있는 돈이 되도록 합리적으로 저축하고 투자하는 일련의 과정이 바로 재테크다.

그러나 근검절약해서 모은 돈을 쪼개고 또 쪼개서 투자에 나서 보지만 그 결과는 초라하기 그지없다. 이런 결과가 반복되다보니 재테크에 무관심해지고 재테크 무용론마저 나오는 것이다.

왜 이런 초라한 결과가 반복 되는 것인가.

요즘 우리 사회정치부분에서 일상적으로 사용하는 단어가 "프레임"이다. 프레임이란 단어를 해석해보면 제한된 공간에서 사물을 보고 판단하고 평가함으로써 그 프레임을 만든 자들의 논리를 벗어날 수 없다는 의미다.

나는 개인적으로 우리의 재테크 성적이 초라한 것은 압도적인 자금력과 영업망, 온·오프라인을 결합한 막강한 정보력을 바탕으로 프레임을 만들고, 자신들의 이익이 되는 구조 안에서 금융소비를 하게 함으로써 다른 대안은 생각하지 못하게 하는 상태가 지속됨으로써 실질금리가 마이너스 상태에서는 투자의 방법을 바꿔야 함에도 그 프레임을 벗어나지 못하고, 과거의 투자패턴을 고수하는 오류가 계속되는 상황에서 발생하는 것이라고 생각하고 있다.

그들이 만든 프레임에서 벗어나면, 이 혹독한 저금리 시장에서도 개인의 가처분 소득을 늘려주는 상품이 있음에도 우리는 지금도 그들이 짜놓은 프레임 안에서 금융소비를 하고 투자를 하고 있다.

이 프레임에서 벗어나지 못하면 우리는 합법적으로 우리가 가져야 할 기회이익을 강탈당하고 만다.

금융회사들이 처 놓은 재테크 프레임에서 벗어나 개인에게 이익이 되는 재테크 방법을 찾고, 이를 투자에 활용한다면 재테크로 개인의 가처분 소득이 늘어나는 놀라운 경험을 하게 될 것이다.

개인이 부자가 되는 과정은 노동을 통해 지속적으로 발생하는 근로소득이 기반이 되어야 한다. 다음 이를 효율적으로 관리하고 투자해 가처분 소득을 최대치로 늘려야 한다. 이 고리가 끊어진 상태에서 개인이 근로소득만으로 부자가 되는 것은 환상이다.

사람들은 말하다. 재테크는 돈이라는 뜻의 "재"와 "테크놀로지"가 결합된 단어로 다분히 공학적으로 돈을 투자해 이를 확장하는 과정이라고.

재테크란 말이 우리 일상에 스며들고 확산되기 시작한지 벌써 30년의 세월이 흘렀다. 이 시간을 지나오면서 재테크가 본래 가지고 있던 공학적 기술을 이용한 돈의 확장 이라는 취지는 퇴색하고, 지금 재테크라는 말의 의미는 자본주의 초기정신인 프로테스탄티즘에 입각한 일의 소중함, 근검절약, 합리적 소비와 투자 등 기본적 측면이 강조되고 있다. 그러니까 재테크가 단지 개인의 배금주의를 부추기는 도구가 아니라, 어느새 우리의 일상으로 스며들어와 합리적인 경제생활, 이를 통한 생활의 향상이라는 보편적 가치가 강조되고 있다. 그러니 재테크란 용어에 부정적인 생각을 할 필요는 없다.

직업, 연령, 소득에 관계없이 이 시대를 살아가는 우리 모두는 각자가 처한 현실에서 자신에게 맞는 재테크를 실행하면 된다.

재테크를 통해 경제적 가치를 얻기 위해서는 효율적인 소득의 관리, 합리적인 지출, 경제성 있는 상품에 대한 투자를 통한 가처분 소득의 확대로 나가야 한다.

이것이 가능하기 위해서는 전체적인 경제흐름을 분석할 수 있는 지식, 경제성 있는 투자 상품의 선택이 무엇보다 중요하다.

세상에 공짜로 얻어지는 것은 없다. 비용, 시간, 수고를 투자해야 얻어진다. 이 책을 통해 당신도 재테크전문가가 될 것이라고 기대하지 않는다. 다만 이 책을 통해서 그동안 금융자본이 올가미처럼 쳐 놓았던 프레임에서 해방 돼서 시장의 흐름을 객관화 시키고, 이제 부터라도 그들이 아닌 자신에게 이익이 되는 투자를 하는 일에 매진했으면 한다.

전 세대에 걸쳐 소득절벽이 현실화되고 있고 국가는 이를 해결할 능력이 없다. 이런 상황에서 숙명론에 사로 잡혀 손 놓고 아무것도 안하는 것이 최선은 아니다. 이렇게 하기에는 우리의 인생은 너무나 소중하다. 세상의 먼지로 사라지는 순간까지, 그 누구도 아닌 나 자신을 위해 최선을 다하는 삶. 삶의 조건과 무관하게.

거의 모든 사람이 살기가 어렵다고 하는 시대, 그래도 희망이라는 단어는 품고 살 수 있었으면 하고 바라본다. 그럼에도 불구하고 독자 여러분 행복 하세요.

저자 박연수

차 례

머리말 · 5

첫째 날
경제가 당신의 돈을 춤추게 한다

금리 하나 변했을 뿐인데 · 16
인구 절벽시대 원년 깊어지는 내수시장 침체 · 20
저금리로 드러나는 소매금융회사의 민낯 · 24
부동산시장에 부는 양극화 현상 · 28
은행거래 끊을 수 없다면 줄여라 · 32
주거 교육을 위해 빚은 지어야하는 사회 · 35
월세가 연금을 대신하는 이상한 나라 · 38

둘째 날
성공하는 사람들의 재테크 탐구생활

돈을 모을 때까지 허투루 쓰지 않았다 · 44

경제 변화에 맞춰 투자를 해왔다 · 49
빚의 무서움을 일찍부터 깨달았다 · 54
생활 속에서 돈 버는 법을 찾았다 · 58
부자의 계산기는 나의 이익을 위해 존재한다 · 62
목표가 정해지면 뒤돌아 보지 않았다 · 66
돈 관리 상황에 따라 다르게 했다 · 71
무엇이 됐든 후회 없이 사랑했다 · 75
금융상품의 거짓말에 속지 않았다 · 80
집을 짓는 마음으로 재테크를 했다 · 87
시간을 지배하는 투자를 해왔다 · 90

셋째 날
초보자가 성공하는 재테크를 위하여

끊기지 않는 소득을 만든다 · 94
소비를 위한 주머니를 따로 찬다 · 99

자신이 세운 목표를 실행한다 · 103
1년을 놀면 2년치 돈이 사라진다 · 107
약점 잡히는 금융거래는 하지 않는다 · 112
버는 돈의 절반은 저축한다는 생각으로 산다 · 116
정부의 정책을 믿지 않는다 · 119
재테크에도 휴민트가 중요하다 · 124
금융위기는 새로운 기회다 · 128
금융회사 이용은 지혜롭게 · 130
신용카드를 쓰레기통에 버리는 용기 · 136

넷째 날
초보자에게 살이 되고 피가 되는 금융의 기술

금융상품을 재정의 하라 · 144
저금리를 역이용하는 투자 · 151
대형은행이 좋다는 생각은 버려라 · 157

단기 금융상품의 모든 것 · 162
수시 입출금상품 CMA가 좋은 이유 · 171
카드론 현금 서비스 사채는 안 쓴다고 전해라 · 178
부도나는 기업 미리 아는 법 · 187
은행예금은 버리고 채권으로 갈아타라 · 191
초보자도 고수익 채권에 쉽게 투자하는 법 · 196
기업의 신용등급을 알면 채권값이 보인다 · 201
낯설기는 해도 돈이 되는 자산 유동화증권 · 206
우리를 잠 못 들게 하는 펀드라는 상품 · 211
기업을 아는 것이 진짜배기 투자공부 · 214
수익률 깡패 공모주 투자하기 · 223

다섯째 날
경제기사의 행간에서 돈 맥을 찾는다

환율변동에 달라지는 기업가치 · 228

초보자를 위한 환율공부 · 232
금리가 투자 상품을 춤추게 한다 · 237
금융위기와 개인의 자산관리 · 241
눈에 보이지 않는 '그림자 금융' · 246
미래의 금리는 어떻게 변할 것인가 · 253
수수료가 이자를 잡아먹는 퇴직연금 · 259
은행창구에서 사라지는 ELS · 262
금융위기는 대박의 기회 · 265

첫째 날

경제가 당신의 돈을 춤추게 한다

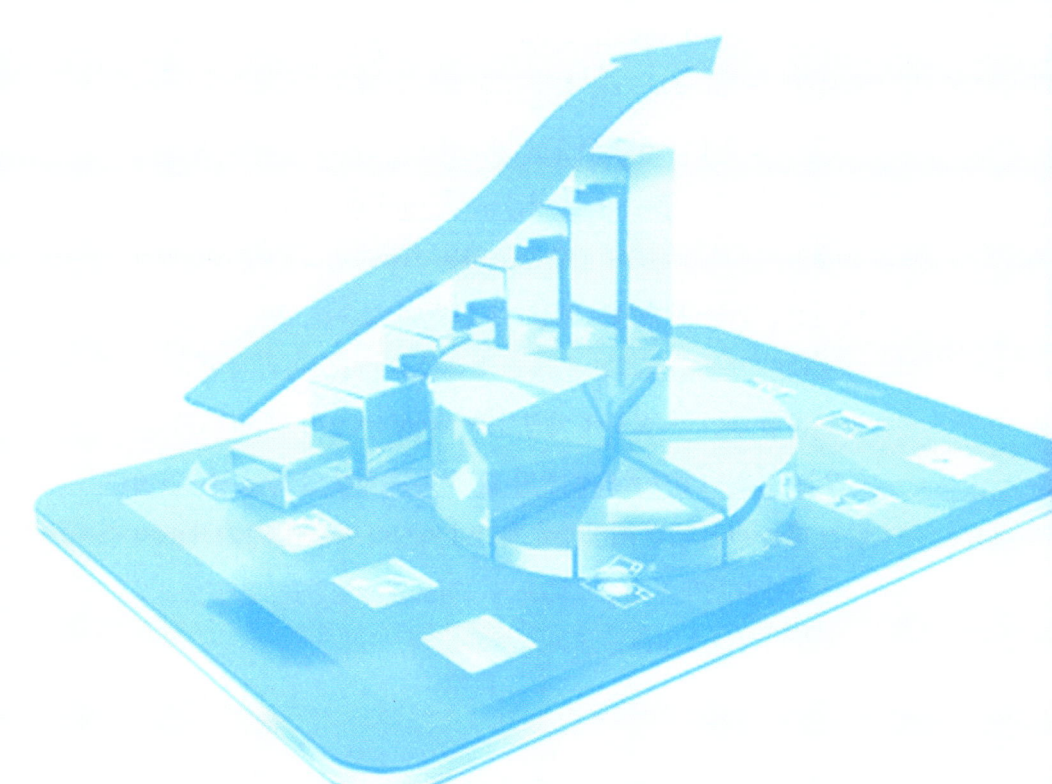

금리 하나 변했을 뿐인데

　투자라는 것은 개인의 지적기반과는 별 상관이 없다. 개인의 지식이라는 것은 경제 사회의 변화에 매우 무력하기 때문이다. 그렇다. 투자행위에서 가장 중요한 키포인트는 경제흐름에 맞춰 투자상품을 결정하는 것이다. 소매금융시장에서 판매되는 금융상품의 절대다수는 한국은행이 매월 발표하는 기준금리에 의해 절대적으로 영향을 받는다. 현재 은행금리로는 물가 상승률, 운용수수료, 이자에 대한 세금을 공제하면, 은행에 예금하느니 차라리 오만 원 권으로 바꿔 집안 장롱 속에 차곡차곡 쌓아두는 것이 낫다는 얘기가 나오는 것은 은행예금으로는 단 한 푼의 가처분 소득이 늘어나지 않기 때문이다. 이런 시점에서 개인이 자신이 알고 있는 지식을 전부 동원하여 은행권 상품으로 포트폴리오를 구성한들, 결과는 실질수익률 마이너스 상태를 벗어날 수가 없다.

한국은행의 기준금리에 절대적으로 영향을 받는 은행, 보험사의 금융상품으로는 절대적으로 수익이 발생할 수가 없다.

그렇다면 지금 당신이 해야 할 일은.

한국은행 기준금리에 절대적으로 영향을 받는 은행, 보험사 등의 소매금융회사의 투자 프레임에서 벗어나 상대적으로 높은 수익률을 받을 수 있는 상품에 투자를 집중하는 것이다. 그렇다면 지금 소매금융회사에서 판매하는 금융상품과 비교해 절대적으로 우위에 있는 상품에는 무엇이 있을 까. 주식, 펀드 상품처럼 수익률의 변동성이 매우 높은 상품을 제외하고 비교적 확정 수익률을 제공하는 상품 중에서.

지금 같은 저금리 기조 아래서 투자의 플렛 폼을 바꾼다고 해서 몇 년 안에, 투자 금이 배로 늘어나는 투자 상품이 있겠는가. 단지 이 저금리 시대에 적어도 소매금융회사의 금융상품에 투자해 발생하는 이자의 수 배에 이르는 투자 상품은 많다. 따라서 이 혹독한 저금리가 상수가 되어버린 시대에서 비교적 확정된 수익률을 받는 상품에 당신의 투자를 집중할 필요가 있다. 여기에 해당하는 상품이 기업, 금융회사가 발행하는 회사채, 카드 채, 자산 유동화증권, 주식투자의 위험을 크게 줄이면서 직접투자와 비교해 안정된 수익률을 기대할 수 있는 공모주청약, 채권으로 발행되지만 주식전환 옵션권이 부여되는 주식 연계채권, 확정 수익률을 주는 금융상품만큼 투자 안정성이 보장되면서 그 수익률은 은행 예금이자의 10배 이상 보장되는 임대주택에 투자해 월세를 노리는 방법이다.

기준금리가 내리면 소매금융회사의 투자 상품으로는 절대로 실질 수익률 마이너스를 벗어날 수가 없다.

경제흐름에 맞춰 당신의 투자동선을 바꿔야만 한다. 일상생활에서 하는 거의 모든 투자행위는 경제변화에 절대적으로 영향을 받는다.

즉, 경제변화가 우리가 투자하고 있는 돈의 가치를 춤추게 한다.

돈을 풀어 자국의 경제를 살려보겠다고 펼쳐지고 있는 선진국의 양적 완화정책이, 이제 보편적인 범국가적 통화정책으로 자리하고 있다.

그리하여 우리나라도 편법적인 양적완화 정책인 한국은행 기준금리를 계속 낮춰왔다.

한국은행의 기준금리 인하가 우리 피부에 바로 와 닿게 되는 것은, 한국은행의 기준금리에 절대적으로 영향 받는 소위 소매금융회사라고 할 수 있는 은행, 보험사의 금융상품 금리가 실질금리 마이너스 상태로 돌아섰다는 점이다.

이러니 소매금융회사의 상품들은 수수료가 금리를 잡아먹는 다는 말이 회자 되고 있는 것이다.

이런 판국에 아직도 은행, 보험사가 판매하는 금융상품에 미련을 갖고 있다면 이는 어리석거나 바보 같은 행동이다.

금리변화로 소매금융회사의 상품 가치만 나락으로 추락했는가. 아니다. 확정지어 말하기는 어려운 문제이지만, 금리인하가 주식, 부동산 시장의 가격결정에 절대적인 영향을 미치고 있는 부분도 엄연한 팩트다.

예전부터 주식, 부동산 시장에서 가장 큰 장이 들어서는 시점이

금리인하로 시장의 유동성이 주식, 부동산으로 몰려들어 주식, 부동산의 가격을 급등시키는 금융장세라는 말이 있었다.

그러나 예전의 금융장세가 경기 사이클에 따라 변하는 일시적인 현상이었다면 현재의 금융장세는 장기간에 걸쳐 진행되고 있는 구조적이고 지속성을 갖고 있다는 점에서 상수라고 하겠다.

현장에서 뛰고 있는 사람들의 말을 들어보면 저금리로 인해 발생한 거품이 언제고 터질 것이라고 말하고 있다.

시장에서는 호재보다는 악재가 많았음에도 주가가 계속 오르고, 분양시장에 사람들이 구름떼처럼 몰리는 것은 유동성이 만든 거품이라고 봐야한다.

지금까지의 흐름으로 볼 때, 저금리가 키운 실물자산의 거품은 미래에 치명적인 위험요소다.

마침 미국연준의 기준금리 인상이 구체화되고 있다. 어쩌면 우리가 바라는데로 금리가 다시 오를 가능성이 크다. 단지 그 폭이 어느정도인가 하는 부분에는 자신있게 말하기는 어렵다.

인구 절벽시대 원년, 깊어지는 내수시장 침체

지금 우리 모두는 앞으로 다가올 암울한 미래에 대하여 애써 외면하고 있다. 인구절벽에 의한 내수경기의 침체가 점차 가시화 되고 있는데, 근원적인 문제를 해결하려는 노력은 하지 않는다. 불행은 우리가 자각하지 못하는 순간에, 점차 우리 일상생활에 스며들고 있다. 이 흐름을 놓치고, 저금리가 만든 거품에 취해서 그 찰라를 만끽하고 있다. 일본의 장기간에 걸친 불황은 1996년부터 시작된 인구절벽 시대를 맞으면서 시작됐다.

우리나라는 이로부터 20년 후에 해당되는 2016년부터 본격적으로 인구절벽이 시작되고 있다.

이미 오래전부터 우리나라는 청년인구의 감소, 독신가구의 급증, 노년인구의 증가가 급속히 진행되고 있다. 한국경제가 해방 후

360배에 이르는 경제성장을 해온 것은 인구의 팽창, 급속한 경제의 성장이 그 배경에 있었다면 지금은 그 반대의 영향으로 경제성장의 탄력성은 크게 위축되고, 출생률의 급격한 저하로 인구절벽의 시대로 진입하고 있다. 인구가 줄고 특히 청년인구가 줄면 소비층 약화로 내수경기의 침체가 경제의 발목을 잡는다.

일본경제의 소위 잃어버린 20년에 걸친 기나긴 불황의 기저에는 인구절벽현상이 자리하고 있었다. 인구절벽으로 청년인구가 급감하면 과연 어떤 현상이 벌어질까.

청년인구의 감소로 대학진학 인구가 크게 줄어들면서 국내 대학들은 당장 불똥이 떨어졌다. 내수시장에서도 청년인구의 감소는 이들이 즐겨 찾는 커피숍, 술집, 유흥주점이 서서히 고사해나갈 것이다. 경제성장기에 급하게 건설되었던 신도시의 상당수가 유령도시화 된다.

현재 나타나고 있는 아파트시장에서의 지역 간 양극화 현상이 도드라지는 것도 이러한 흐름의 연장선에 있는 것이다.

주식시장에서 주가라는 것은 변동성이 너무 커, 단정적으로 말할 수는 없어도, 현재 주식시장에서 나타나고 있는 음식료 내수 독점기업의 주가하락은 그 전조현상으로 눈여겨볼 필요가 있다.

2016년 상반기 음식료 독점기업의 주가가 시장평균을 크게 밑돌고 있는 것이 인구절벽으로 인한 내수경기의 침체를 반영하는 것인지 지켜볼 필요가 있다.

그러나 이것이 단지 일시적인 현상이 아니라 장기적 국면으로 전환된다면 우리의 포트폴리오 구성에도 변화를 줄 필요성이 있다.

음식료 시가총액 상위종목인 오뚜기, CJ, 오리온 등의 주가는 전체업종 가운데 —15.8%로 2016년 상반기 하락률 1위를 기록했다.

단지 이것만으로 인구절벽으로 인한 내수침체가 현실화되고 있다고 단정 짓는 것에는 무리가 있지만, 내수경기의 침체가 음식료 종목의 주가에 주는 영향은 점점 가시화될 것이다.

[표] 음식료종목 2015년말 대비 주가 하락율 상위 10종목

종목	2015년말주가(원)	2016년7월18일 주가(원)	하락률(%)
동원F&B	393,000	237,500	-39.57
현대씨앤에프	30,700	18,900	-38.44
무학	38,200	24,450	-35.99
삼립식품	276,500	182,000	-34.18
오뚜기	1,225,000	808,000	-34.04
크라운제과	54,200	36,650	-32.38
보해양조	2,015	1,435	-28.78
풀무원	186,000	135,000	-26.88
농심	439,000	322,000	-26.73
롯데칠성	2,219,000	1,666,000	-24.92

〈연합뉴스 2016년 7월 19일〉

2016년 7월 19일 기준 음식료 업종지수는 4,733.17로 마감했다.

이는 건조한 상승세를 유지하던 2015년 말 5,736.92보다 17.49% 하락한 것이다. 이는 2016년 상반기 전체 업종가운데 -15.8%로 하락률 1위를 기록한 것이다. 금융정보업체 에프엔가이드에 의하면 유가증권 상장시장에 속한 음식료 50개 종목 중에서 2015년 대비

주가가 오른 곳은 12개 뿐 이었다. 이 현상에 대해 시장에서는 두 가지의 상반된 반응이 있다. 하나는 원/달러 환율하락해도 불구하고 이들 업종의 주가가 떨어진 것은 투자심리가 위축된 결과라고 보는 시각과 구조적인 측면에서 내수침체가 장기화되면서 국내식품시장이 성숙기로 접어들었고 이는 제한된 내수 시장의 수요만으로는 높은 성장을 추구하기가 어렵다는 시각이 공재한다.

시장의 셈법으로는 충분한 조정을 받았음에도 실적 발표 후 다시 전 고점을 찾아 갈 것이라는 생각이 없지는 않지만, 이 현상이 인구절벽으로 인한 내수경기의 침체를 예고하는 시그널이 될 수 있다는 생각으로 접근하는 것도 시장을 객관화 시켜 본다는 측면에서 나쁠 것은 없다.

저금리로 드러나는
소매금융회사의 민낯

　오랜 기간 고금리시대를 살아오는 동안 우리는 소매금융회사의 수수료가 이렇게까지 이자를 전부 잡아먹는 수준이라는 사실을 몰랐다. 그러나 금리가 계속해서 흘러내려 표면금리 1%, 이자에 대한 세금, 물가 상승률, 상품에 따라붙는 수수료를 감안하면 실질금리는 마이너스 상태가 되면서, 우리는 비로소 은행의 수수료가 이자를 잡아먹는 다는 사실을 알게 되었다. 보험사의 저축상품, 변액 상품이 내 돈을 사업비라는 명목으로 떼어간다는 사실도.
　저축행위를 통해 단 한 푼의 가처분 소득이 늘어나기는커녕, 매우 높은 사업비로 원금의 손실이 발생하는 이 놀라운 상황을.
　소매금융회사는 도매시장에서 물건을 떼어 와서 동네장사를 하는 소매상처럼 금융시장의 도매시장이라고 할 수 있는 증권시장에서 고객이 맡긴 돈을 가지고 채권이나 주식으로 운용해 수수료를 받고 그 이익을 돌려주는 금융회사를 말하는 것이다.

대표적인 소매금융회사는 은행, 보험사라고 할 수 있다.

나는 이 시대를 정의한다면 돈의 결핍시대로 이름 붙인다. 부의 양극화, 비정규직의 확산, 청년실업의 증가로 인해 근로소득은 줄고 실질금리 마이너스 시대로 이자수입 등의 가처분소득은 줄어들면서 돈에 대한 갈증이 어느 시대 보다 강해졌기 때문이다.

우리는 이자를 한 푼이라도 늘리기 위해서 금융상품에 투자한다.

우리는 갖고 있는 돈을 더 늘려 보겠다는 마음으로 투자를 했지만, 수수료가 이자를 갈취하고 있다면 어떤 마음이 들겠는가. 고금리시대에는 이 문제를 대수롭지 않게 생각했다. 그러나 이자가 물가와 수수료를 못 넘어서는 금리절벽의 시대로 진입하면서, 그동안 우리가 얼마나 부당한 대우를 받아 왔는지, 소매금융회사의 민낯을 비로소 알게 됐다.

우리가 노후에 생활자금을 마련하기 위해, 불입하는 연금 상품 중에 보험사에서 판매하고 있는 변 액 연금보험이 있다. 이 상품에 가입한 사람은 이런 생각 쯤 한번 해봤을 것이다. 왜 보험사의 변액 연금 보험에 가입해서 돈을 벌었다는 사람은 없고, 손해만 봤다는 사람만 많을 까. 금융소비자연맹이 발표한 자료에 의하면 변액 연금보험의 실제 납입보험료를 기준해서 수익률을 계산한 결과 보험사들이 공시한 수익률 -2% 보다 5배가 넘는 -12%의 수익률을 기록했다.

금융소비자연맹은 생명보험사의 변액 연금보험 운용공시 수익률을 토대로 소비자가 실제 납입한 보험료 대비 실효수익률을 계산한 결과 2015년 6월 20일부터 2016년 6월 20일 까지 평균 -12.23%의 손실이 발생했다. 같은 기간 보험사들이 공시한 평균 공시수익률은 -2.83%였다.

실효 수익률이란 것은 보험사가 받은 보험료에서 사업비 등 각종 부대비용을 제외한 나머지 돈으로 운용해 올린 공시 수익률과 달리, 실제보험사가 낸 보험료를 기준으로 따진 수익률이다.

공시 수익률이 -2.83%라는 것은 1년간 100만원을 내는 보험의 1년 후 971,700원으로 손실금이 28,300원이지만 실제 내가 낸 보험료에서 사업비를 떼고 난뒤 운용한 결과에 의한 실 수령액은 877,700으로 손실금은 120,230원이다.

15개 조사대상 생보사의 최근 1년간 실효 수익률(-7.85~-14.64%)은 모두 마이너스로 같은 기간 동시 수익률(-6.31% ~ - 0.14%)와는 큰 차이가 있다.

생명보험사들은 변액 연금은 상품 특성상 가입 초기에 사업비를 대거 집행해 상품을 오래 보유할수록 수익률이 점차 올라가는 구조로 장기적 관점에서 수익률 추이를 지켜봐야한다고 말하고 있다. 그럼 7년간의 장기간의 보험료를 지급했음에도 이자가 없다는 것은 어떻게 변명 할 것 인가.

이를 누가 책임져야 하는 가. 변액 보험에 가입시킨 설계사는 찾기 어렵고.

변액 보험(변액 연금, 변액 종신, 변액 유니버설)은 10년이 지나고 30년이 지나도 이자가 발생하지 않는다. 변액 보험에 가입하지 않고 확정수익률을 지급하는 회사채, 정기예금, 자유적립식예금, 마을금고의 비과세 예금에 투자했다면, 아무리 금리가 낮다고 해도 수수료가 없으니 이자는 늘게 되어 있다. 변액 보험에 투자함으로써 다른 기회마저 날려버린 것이다. 변액보험은 손해가 발생해도 해지를 못한다. 중도해지에 따르는 손해가 매우 크기 때문이다. 영업사원들은 판매수당이 많으니 주변지인 친척들까지 다 끌어들여 영업실적을 채운다.

변액 보험은 가입기간이 10년 미만이면 그냥 생각지 말고 해약하라. 장기적 관점에서 보면 해약이 결코 손해가 아니다. 오히려 보험료를 더 넣을수록 손해만 커진다. 이런 상품 팔아서 생명보험사들은 도심곳곳에 대형 건물을 사고, 대주주 임직원들의 배를 채운다. 보험사의 높은 연봉은 서민의 피, 눈물을 갈취해서 얻는 브루드(Blood)다이아몬드다.

보험상품으로 저축하고 투자하는 고리는 이제 끊어져야한다.

부동산 시장에 부는 양극화 현상

　환율의 변동에 따라 달라지기는 하지만 1인당 국민소득이 3만 달러에 육박한다는 나라에서 빈곤계층은 계속 늘어나고 있다. 부의 양극화는 물론 기업규모에 따른 양극화, 주식시장에서의 종목 간 주가 양극화, 부동산시장에서의 지역 간 양극화, 현재 대한민국 경제는 생계를 위한 가계빚이 계속 늘어만 나는 나라다. 과연 경제성장으로 벌어들인 달러는 모두 어디로 간 것인가. 돈은 어디로 가지는 않았을 것이다. 소득의 양극화로 인해 부의 불평등이 심해져서 벌어지는 현상이다. 지금보다 더 경제성장이 한들 무엇이 달라지겠는가. 경제가 성장해도 부의 양극화 현상이 변하지 않는다면 경제성장은 국가분열의 길을 재촉할 뿐이다. 국가가 시장에 개입해 이 불균형한 경제를 바꾸지 않으면 우리나라의 미래는 없다.

근대 자본주의는 자유방임이 불러온 독점자본의 시장지배력을 강력한 반독점규제법으로 독점자본을 규제하고, 약자를 보호하는 정책을 통해 균형을 추구해온 과정이었다.

이렇게 부의 불평등이 구조화되고 변하지 않는다면 과연 이런 경제성장이 무슨 의미가 있는가.

개인 간 소득의 편차를 나타내는 지니계수가 이처럼 높은 시대가 없었다. 지금처럼 지니계수가 높은 것은, 부동산소유에 따른 부의 불균형상태에서 벌어 졌다는 점에서 한국자본주의의 미래를 매우 어둡게 한다.

한국에서 개인의 부를 형성하는 데 있어 부동산이 절대적으로 영향을 끼쳤다는 것은 부인 할 수 없는 사실이다. 부동산 한번 사고 팔았을 뿐인데, 평생 먹고사는 돈을 벌었다면 과연 누가 열심히 일하며 살 것인가. 부동산 투자가 주는 달콤함에 취해서 시장의 환경이 아주 다른 양상으로 진행되는 상황에서도, 부동산시장에 사람이 몰려드는 것은, 이성으로 이해는 안 돼도, 감성으로는 이해가 된다.

시장은 원래 이성의 힘보다 감성에 의해 주도된다. 2002년 노벨 경제학상 수상자인 다니엘 카더 먼은 이를 두고, 시장에서 인간의 이성은 초라한 조랑말에 불과하고 감성은 거대한 코끼리라고 말을 했겠는가.

언론은 항상 핫(HOT)지역만 부각시키고 이것이 전체시장을 대변하는 것처럼 여론을 조작한다. 분양시장이 흥청거리고, 강남의 재건축단지의 가격이 급등한다고 해서 부동산시장이 장밋빛 미래만 있는 것은 아니다. 새롭게 신도시가 개발된 위례신도시, 세곡지구, 광교신도시, 마곡지구 등의 신도시가 분양가 대비 현재가가 급등 했다는 것을 모르는 사람은 없을 것이다. 그리고 소위 서울의 핵심개발축선상의 용산, 한남, 성수지구, 강남3구은 여전히 신고 가를 다시 써나가고 있다. 하지만 유동성이 만든 거품을 거둬내고 들여다보면 중대형아파트의 몰락으로 시름시름 앓고 있는 지역이 더 많다.

부동산이 뜨고 있는 것이 아니라, 부동산시장의 양극화로 지역간, 평형간 양극화가 더 심해졌다고 보는 것이 맞는 시각이다.

부동산은 경제의 변화 뿐 아니라 인구의 이동, 사회문화적 변화에 의해 더 큰 영향을 받고 있다. 10년 전에는 쳐다보지도 않던 한옥의 가치가 급상승한 이유는 수요공급의 논리가 아니라, 사회문화적 현상의 변화가 가져온 가치의 변화다. 2007년 이후 부동산 거품이 꺼지면서 신도시의 중대형아파트는 몰락의 길을 걸어왔지만, 이 지역내의 소형아파트, 원룸주택시장은 계속 가격이 상승해 왔다.

아파트에 비해서 형편없는 대접을 받아왔던 소형빌라, 연립, 다세대, 다가구 주택이 서울에서는 매물이 없어 투자를 못할 정도로 그 가치가 급상승한 것은 독신가구의 급증, 도심재개발로 인한 멸실 주택의 증가로 인한 반사효과였다. 이제는 부동산시장은 형태에 따라 그 가치가 급속히 달라지고 있다.

인구절벽, 전통적인 가족의 해체, 내수경기의 침체 등의 이유로 서울접근성이 떨어지는 곳에 지어진 신도시의 중대형 아파트는 몰락의 길을 걷고 있는 반면, 소형아파트 독신가구를 위한 다가구 주택, 주거용 오피스텔의 가치는 상승하는 양극화현상이 큰 흐름을 이루고 있다.

이제는 다가구 원룸, 주거용 오피스텔이 연금을 대신한다는 말까지 나올 정도로 저금리시대의 노후 생활자금을 마련하는 일에 효자노릇을 톡톡히 하고 있다.

시대가 변했고 경제흐름도 급변했다. 경제흐름의 종속변수인 부동산 시장도 변할 수밖에 없다.

은행거래 끊을 수 없다면 줄여라

기준금리가 떨어지면 은행거래를 하는 입장에서 과연 무슨 일이 벌어질까.

드러나고 있는 팩트만 보면 기준금리 인하보다 예금금리는 더 떨어져 이자는 더 줄어들고, 은행거래에 드는 수수료는 더 많아지는 이중고를 당해야한다. 기준금리인하로 인해 마진율이 준다고 은행은 울상이다. 이를 경영효율화로 극복해야지, 손실을 고객에게 전가시키는 것은, 고객보고 우리와 거래를 끊으라고 하는 말로 들린다. 그래서 은행거래 끊을 수 없다면 줄여야 한다고 말을 하는 것이다.

[표] 기준금리보다 더 내리고 있는 은행 예금금리

은행	2012년 6월	2016년 6월	금리차(%)
하나은행	3.7	1.3	-2.4
국민은행	3.3	1.1	-2.2
우리은행	3.7	1.55	-2.15
신한은행	3.1	1.1	-2.0
농협은행	2.8	1.0	-1.8

(자료: 각 은행자료)

위 도표에서 보듯이 주요 시중은행 5곳 중 3곳이 4년간 기준금리 인하 폭인 2.0% 보다 더 많이 정기예금금리를 내렸다. 은행이 판매 중인 1년 만기 정기예금금리는 2012년 6월과 비교해 1.8%에서 2.4%까지 내렸다. 기준금리는 이 기간 동안 연 3.25%에서 2016년 6월까지 여덟 차례의 금리인하로 연 1.25%까지 내렸다. 따라서 해당 기간동안 기준금리는 2.0%내렸지만 주요은행의 예금금리는 1.8%에서 2.4% 내려서 전체적으로는 기준금리 하락폭보다 예금금리 인하폭이 더 크다.

이자만 그런 것이 아니다. 이자가 내리면서 수수료는 더 많이 받고 있다.

"18일 금융권에 따르면 KB국민은행은 최근 사상처음으로 수수료를 인상했다. KB국민은행은 이달 초부터 10만원 초과 타행송금 수수료를 인상했다. 10만 원이하, 타행송금수수료는 기존과 같은 500원이지만 10만원에서 100만원은 1500원에서 2000원, 100만원에서 500만원은 2500원에서 3500원, 500만원 초과는 2500원에서 4000

원 등 500원에서 1500원 인상했다. 통장, 증서 재발급과 제증명수수료도 각 각 2000원에서 3000원으로 올리고, 주식납입금보관증명서 발급수수료는 1만원에서 1만 5000원 으로, 명의변경 수수료도 5000원에서 1만 원으로 인상했다. 이에 앞서 하나은행과 신한은행도 선제적으로 수수료를 인상한 바 있다."(헤럴드 경제 2016년 6월6일)

우리나라 은행들은 기준금리가 내려 예대마진율이 떨어져도 별 걱정이 없다. 고객을 호갱으로 알고 이자를 내리고, 수수료를 더 받으면 될 테니까. 은행이 고객에게 예고 없이 수수료를 인상하는 것은 금융거래에 있어 전형적인 갑 질 이다. 은행들은 수수료에 대한 원가공개도 없이 그들의 얘기만 주절거린다. 수수료 인상을 단행하기 전에 당장 임직원 급여를 줄이는 자구책을 하고 나서하면 고객의 마음이 다소 누그러질 것이다.

현재 국내은행들의 직원급여가 OECD주요국가 중에서도 비정상적으로 높다. 미국, 캐나다, 호주 ,영국, 일본보다 높은 수준이다.

우리나라 은행들을 선진국과 비교하는 것은 웃기는 일이다.

서민들에게는 대출문턱을 높게 세워 일본계 대부회사, 저축은행의 고금리 대출이나 받게 하고, 서민고객에게는 낮은 이자, 높은 거래수수료로 등이나 치고, 부실경영에 빠지면 국민세금으로 구제받는, 이래서 은행이 욕을 먹는 것이다.

주거 교육을 위해
빚은 지어야하는 사회

　우리나라의 가계 빚은 계속 늘어나고 있다. 2016년 기준으로 우리나라의 가계 빚 총액은 1224조원이다. 이는 한국은행이 가계신용통계를 작성한 이후 최고치다.
　이렇게 빚이 늘어나는 이유는 주식, 부동산 등에 투자해 가처분 소득을 늘리기 위한 수단으로 빚을 내는 것이 아니라, 주거공간을 확보하기 위해, 아니면 교육을 계속하기위해 빚을 내고 있다. 생계를 위해 빚을 내는 것이다. 그래서 빚이 증가한다는 것은 서민 청년들의 생활이 더 팍팍해져가고 있음을 알려주는 지표다.
　소득이 줄어들면서 정말 살기 어려워진 빈곤층이 늘면서 생활비로 쓰기위해 빚을 내는 사람이 늘고 있다. 생계형 가계 빚이 늘어나는 것은 주택임차와 임대료를 마련하기 위해 내는 빚이 66%에 이르고 그 다음이 교육비로 13.1%다. 이를 토대로 보면 가계 빚이 증가하는 근본 원인은 주거와 교육문제다.

가계 빚을 연령별로 나누어보면 30대는 가계 빚 중에서 주택임차비율이 높다. 청년실업과 저임금의 문제로 청년들의 소득이 줄어들면서 주거공간 확보에 빚을 내야 하는 처지가 된 것이다. 지금의 가난 문제는 그들이 특별히 게을러서도 아니고 자연재해로 발생한 것도 아니다.

경제구조가 그들을 가난에 처하게 한 것이다.

신자유주의 경제가 만든 과격한 아웃소싱 생산방식으로 인해 벌어질 수밖에 없는, 비정규직의 확산, 임금의 양극화가 초래한 것으로 이는 잘못된 제도에 근본원인이 있다. 따라서 이 상황을 만든 정부는 대기업에 의해서 자행되는 극단적인 아웃소싱 생산방식을 통제해 임금의 정의를 실현하는 일에 최선의 노력을 하고, 청년층의 생활을 압박하는 주택임차와 관련해 임대료 상한선을 규제하는 동시에 저렴한 비용으로 주거공간을 제공하는 공공주택을 늘리는 정책을 시급히 마련해야만 한다.

사회적 약자를 돕는 문제는 이념의 문제가 아니라 국가통합의 가치로 이 문제가 해결되지 않고, 이대로 방치하면 국민갈등과 분열을 초래할 수밖에 없다. 경제성장의 파이는 나눠야 하는 것이지 어느 일방이 이를 독식해서는 안 된다.

이제 주거문제는 단지 청년세대만의 문제를 넘어섰다. 주거문제는 모든 세대가 공통적으로 느끼는 심각한 문제다. 주거문제를 위해서 사람들이 빚을 지고, 이를 갚아나가려면 더 많은 일을 평생

해야 한다. 서민들의 임금수준에서 너무 비싼 주택가격 때문에 많은 국민들이 가계 빚의 부담에서 벗어나지 못하고 있다. 서민들이 느끼는 체감물가도 서민들의 생활을 압박하고 있다.

우리나라처럼 교육을 받기위해 과도하게 빚을 내야만하는 나라가 과연 있을까. 우리나라의 높은 교육열을 비난만 할 수는 없지만, 인터넷이 급속히 제도교육을 흡수해나가는 시대에, 중세시대의 도제식 교육에서 시작된 대학교육은 여전히 성황이다. 한국사회에서 대학은 서열을 조장하고 계급화를 구조적으로 부추기는 수단으로 전락해 있다. 교육의 사다리 타기에 성공한 1%의 인간들이 만든 그들만의 제도에서 많은 사람들이 이중고통을 겪고 있다. 이제 교육문제는 경제의 문제를 넘어서 정치의 문제다.

현재 은행예금금리는 세후수익률이 1%에도 못 미치고 있다. 그런데 저축은행의 신용대출금리는 25.64%(2016년 1월 이후 신규 취급 분 기준)이다. 우리나라 사람들은 가처분 소득 100만원 중 약 37만 원을 빚 갚는데 사용한다.(2015년 4분기대비 부채상환지출비율은 38.9%다.)

빚 상환금액의 상당액이 주거공간의 확보, 교육비로 쓰이고 있다.

국민소득이 3만 달러를 내다본다는 나라에서, 과연 경제성장이 누구를 위한 것인지 우리 모두 진지하게 성찰해봐야 할 시점이다.

월세가 연금을 대신하는 이상한 나라

저축률이 크게 떨어졌다. 소득이 줄고 금리가 낮아져서, 저축으로 발생하는 이자소득이 과거에 비해 많이 줄어들었다. 그럼에도 연금에 가입하는 사람들은 오히려 늘고 있다. 왜 이런 현상이 벌어지는 것일까. 사람들이 두려워하는 것은 언젠가 노동시장에서 퇴출되어 소득이 사라지면 어떻게 그 긴긴 노후를 남에게 의지 하지 않고 살아갈 수 있을까 하는 문제다. 전통적인 가족 문화가 사라져 노후를 자녀들이 책임지지 않는다. 국가도 개인의 노후생활에 팔 걷고 나서지 않는다. 믿을 것은 순전히 나의 몫 이다. 사회복지 빈곤국가 대한민국, 이러니 해방 후 경제가 360배나 성장했음에도 우리는 노후생활을 걱정하는 처지에 놓여있다. 현재 우리나라의 노인빈곤 율은 50%에 이르고 있다. 대한민국에서는 무덤으로 가는 길이 여전히 고통의 길이다.

그 긴 노년생활을 남에게 손 벌리지 않고 살아가려면 미리 준비해야만 한다. 그래서 생활이 힘들어도 생활비를 쪼개고 쪼개서 연금을 가입한다. 그렇게 우리는 힘들게 연금에 투자한다. 우리나라는 공적연금이 채워주지 못하는 부분을 민간연금으로 대신한다. 그런데 "민간연금의 배신"으로 표현 될 정도로 운용수익률이 형편없어, 국내에서 판매되는 민간연금보험은 합법적으로 서민의 돈을 강탈하는 상품으로 전락해 있다.

노후생활에 국가가 나몰라하고, 민간연금은 오히려 독이 되고 있는 상황에 몰려 있는 사람이 선택할 수 있는 카드가 무엇이겠는가.

자구책 차원에서 돈이 된다면 무엇이라도 해야만 하는 형국이다. 도덕이니 윤리라는 말은 사치다. 그리하여 이 시대의 은퇴자들 중 상당수 소득이 적고, 주거가 불안한 청년 독신자에게 월세를 받는 임대주택에 투자해 투자수익을 늘리고, 노후생활에 필요한 생활자금을 충당한다. 전국적으로 임대주택 투자 행렬이 멈춰지지 않는 이유는 이런 상황을 반영하는 것이다.

지금 경제선진국이라는 대한민국에서는 공적연금 대신 월세가 노후생활의 효자노릇을 하는 이상한 나라다.

우리나라는 이미 고령화 사회에 진입해 있다. 이제 자연수명 80세를 넘어 100세까지도 불가능한 일이 아닌 시대다. 자연수명의 연장이 축복이 될 수 없는 것은, 아무래도 우리나라의 빈약한 노후복지, 공적연금의 부재 등으로 노년의 생활이 결코 행복한 시간이 될 수 없는 구조적 문제에 직면해 있기 때문이다.

　우리나라는 은퇴 후에도, 빈약한 노후복지로 인해, 다시 직업전선으로 내 몰리지만 청년실업이 급증하는 판에 노인을 위한 일자리가 있을 리가 없다. 이러한 이유로 우리나라의 노인 빈곤층은 전체의 절반에 이르고 있다.

　반면 노인복지 체계가 잘되어있는 유럽 국가들의 은퇴자들은 현역시절의 임금과 비교해 약 70%에 이르는 공적연금을 받아 행복한 노후생활을 보낸다.

　우리나라의 국민연금은 준조세성격의 강제보험이지만, 소득 대체율은 30%에도 못 미친다. 국민연금의 운용손실이 발생하면 그 손실은 연금운용에 반영되어 연금지급액이 줄어든다. 이 내용으로 보면 우리나라의 국민연금은 실상, 민간에서 운용하는 펀드와 다를 것이 없다.

　특수직연금이라고 하는 공무원, 군인, 사학연금의 소득 대체율 70%에도 한참 못 미치고, 특수직연금의 운용손실을 국가가 보존해 준다는 측면까지 감안하면 국민연금과의 차별성이 국론분열의 원흉이 되고 있다.

　국민연금의 낮은 연금지급액을 메우고자 정부가 나서 민간에서 운용하는 연금저축, 퇴직연금을 강제적으로 가입시키고 있지만, 이들 연금 상품에 붙는 이자는 수수료도 못 넘어설 정도로 낮다.

　민간에서 판매하는 연금 상품은 타이틀만 연금이지 연금의 역할을 전혀 못한다. 대신 판매금융회사는 수수료만으로 막대한 이익을 독식한다. 과연 누구를 위한 연금인가. 정부에 책임을 물어야 한다.

투자할 수 있는 현금이 수천만 원이라도 있는 사람들이 연금을 버리고, 종잣돈에 빚을 합쳐서라도 임대주택에 투자해 월세를 받아 생활자금을 마련하는 것을 당연시하는 시대다.

같은 돈을 투자해서 연금 상품의 이자보다 10배 이상을 받는 데, 누가 이 유혹을 뿌리칠 것인가. 그리하여 우리나라는 월세가 연금을 대체하는 이상한 나라가 됐다.

주거 형 오피스텔, 다가구 원룸 입주자들은 누구인가. 바로 이 시대의 청년 직장인 들이다. 이들은 높은 월세로 고통 받고 있지만 다른 한편에서는 이들로부터 월세를 받아 생활자금을 마련하는 사람들은 기성세대다. 이러니 기성세대가 가난한 청년들에게 높은 월세로 등쳐서 살아간다는 말까지 나오고 있다. 정상적인 자본주의 국가라면 이런 일이 가능하겠는가. 부동산 공 개념이 국가 통합의 가치라고 보는 독일 같은 나라에서는 상상도 못할 일이다. 국가가 시장에 개입해 이런 부당한 일을 규제하고 통제한다.

부동산으로 돈을 버는 행위는 전형적인 불로소득이다. 우리나라는 돈만되면 도덕이고 윤리고 따지지도 않고 묻지도 않는 국가다.

우리나라의 독신가구가 어느새 500만가구가 됐다.

저금리의 영향도 있겠지만 임대주택의 수익성이 크게 높아진 것은 독신가구의 급증에 따른 결과로 볼 수 있다.

독신가구의 소득은 도시가구 평균소득에 비해 평균적으로 낮다.

머니투데이와 국민은행이 공동으로 한 설문조사결과를 참조해 보면 임대주택에 거주할 의향이 있는 사람들의 85%가 월세 50만 원 이하가 자신이 감당할 수준의 월세라고 생각하고 있다고 말하고 있다.

또 전체 응답자 2,212명 가운데 50.2%인 1,066명은 가구소득대비 감내할 수 있는 월세를 30만 원 이하로 선택했다. 따라서 전체 응답자의 2,122명 가운데 85%가 월세 30만원에서 50만원 구간에 집중되어있다.

서울시의 2015년 월세 주택 임대료는 월평균 51만원이었다.

자치구별로 월평균 임대료는 강남구 84만원, 송파구 56만원, 마포구 54만 원 등으로 50만원을 훨씬 넘는다. 자치구별 월세는 평균치로 반 지하, 매우 좁은 원룸까지 포함시켜 평균을 낸 것으로 주거조건이 좋은 곳은 월세가 200만 원이 넘는다.

서울에서 제대로 된 원룸의 월세가 관리비를 합해 60만원이 넘는다. 그렇다면 원룸거주자들은 월세 생활비만으로도 소득의 절반 이상이 사라진다. 미래를 위해 저축할 돈은 없다.

이 혹독한 저금리시대에 원룸투자로 받는 월세만큼 고수익 상품이 없다. 그러나 이 고수익이 그 누구도 아닌 우리의 미래 청년들의 희생 위에 얻어진 것이라면 다시 한 번 생각해 볼 여지가 있다.

투자도 좋고 돈도 좋지만, 시장의 균형자 역할을 하는 누군가가 있어 이 악순환의 고리가 끊어져야 한다. 현재의 원룸 월세수준은 청년 직장인의 소득에 비해 너무 높다.

둘째 날

성공하는 사람들의
재테크 탐구생활

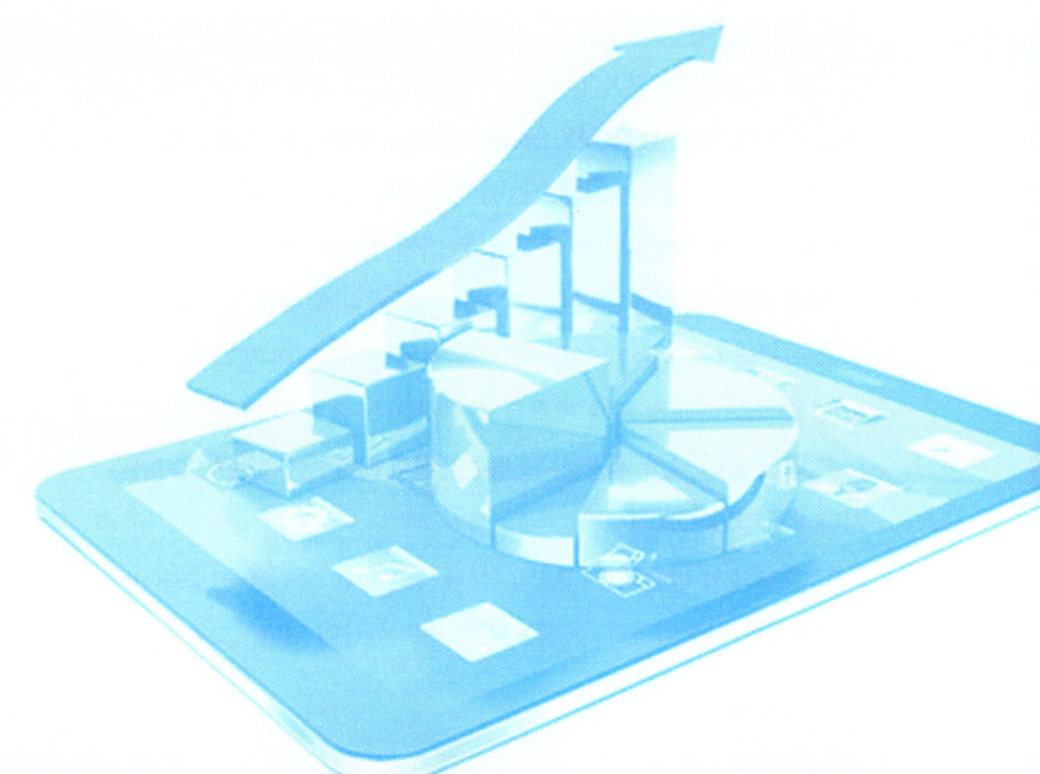

돈을 모을 때까지
허투루 쓰지 않았다

　돈을 어떻게 쓸 것인가 하는 문제는 정답이 있는 것이 아니다. 개인의 철학, 삶에 대한 태도 등으로 얼마든지 달라질 수 있는 문제다. 소득절벽의 시대로 가계소득이 감소한다고 떠들어대도 해외여행을 가는 사람들이 다 잘사는 사람은 아닐 것이다. 과거와 달리 돈에 대한 개념, 가치관이 변한 것이다. 따라서 어떻게 사는 것이 좋은 것인지에 대한 답은 개인이 결정할 문제다. 다만 내 생각은 그래도 불확실한 미래를 위해 저축을 하면서 사는 것은 여전히 필요하다고 믿고 있다. 열심히 일하고 저축하면서 사는 것에 대한 의미가 사라지지 않았으면 한다.

　TV채널에서 방송되는 생활 다큐에 등장하는 주인공들 중에서 드라마틱한 인생역정의 사연을 갖지 않은 사람이 없다. 그래서 우리가 이 프로그램을 보고 감동받고 용기 얻는 것이다. 금 수저로 태어나도 가진 것을 지키지 못하면 흙 수저가 되는 것이고, 흙 수저로 태어났어도 최선을 다해 인생을 산다면 금수저가 되는 일이 불가능하지 않다.

부의 구조가 양극화된 시대에 이 말이 얼마나 설득력 있게 받아들여 질런지는 모르겠다. 그래도 나는 인간의 힘을, 인간의 노력을 믿고 싶다. 그래야 사는 맛이라도 날 것 아니겠는가.

출발선부터 다른데 어떻게 이 박봉을 받아서 어느 세월에 부자가 되겠는가. 지금 가난의 문제 상당부분이 잘못된 경제시스템에서 오는 것임을 인정한다. 그러나 이 책에서 이를 반박하고자하는 생각은 없다. 다만 이 문제를 대하는 방식에 있어서 우리가 숙명론 또는 운명론에 경도되어 현실을 포기하는 일은 안 된다는 말을 하고 싶다.

출발선이 달라도 인간의 의지는 이를 극복하고 도 남을 위대함이 존재한다고 믿는다.

과거 회귀론적인 얘기는 안 하겠다. 사회적 구조에서 파생된 근본적 가난의 문제는 우리 공동체의 몫으로 남겨두고, 개인은 이를 돌파하기 위한 노력을 해야 한다.

동일한 직장에서 동일한 임금을 받는 사람 간에 일정기간이 지나면 누가 얼마나 그 박봉에서나마 효율적으로 관리하고 투자 했느냐에 따라 누구는 내 집을 마련하고 또 그 누구는 월세 집을 전전한다.

이 두 사람 간에는 과연 무슨 차이가 있었던 것인가. 우리가 간과하는 것이지만 근검한 생활, 합리적 소비가 가져다주는 경제적 가치는 우리가 생각하는 것 보다 크다.

근로소득은 정해져 있고, 임금 인상률이라는 것은 제한되어 있는 판국에 어느 날 하늘에서 돈이 우박처럼 나에게만 떨어지는 일이 없고서는 부자의 꿈을 이룰 수가 없다.

사람들은 코너에 몰렸다고 생각 할수록 한 방을 기대한다.

최근 주식시장에서 들려오는 말들을 보면, 일은 안 하면서 하루 종일 모니터만 보고 사는 데이트레이딩 인구가 급증했다고 한다. 더나가서 합법적 투자시장에서도 세상에서 가장 투자위험이 높다는 선물 옵션 투자자가 크게 급증 했다는 말도 들려온다.

선물 옵션은 제로섬 게임에 가깝다. 승자가 모든 것을 독식하는. 선물 옵션에 투자한다는 것은 그들의 입장에서는 다 걸기를 하는 것이다. 그나마 있는 돈으로 최대한의 이익을 얻는 투자가 선물옵션이다. 잘되면 다행이나 안 되면 그나마 갖고 있는 종자돈을 다 날린다. 왜 이런 투자위험이 높은 상품에 투자하는 사람이 늘고 있는 건가. 오래 시간이 필요한 합리적인 투자로는 인생역전을 기대하기 어려우니 한 방에 모든 것을 얻으려는 심보가 그 밑바탕에 깔려있다. 이런 사람들에게 계획이라는 것이 존재할까. 그저 돈 생기면 돈 벌 가능성이 거의 없어 보여도 한 방에 기대하는 삶. 이렇게 가난의 문제가 해결 된다면 나도 뛰어 들겠다. 문제는 경기가 침체되고 개인의 소득이 줄면서 이렇게 인생자체를 한방에 기대는 사람이 급증하고 있다는 사실이다. 그런데 더 큰 문제는 빚까지 내서 이 위험한 도박에 뛰어든다.

우리나라는 정부가 나서서 빚을 권하는 나라다. 도둑놈 금리라는 대부회사도 아니고, 제도 금융권인 은행이나 저축은행조차 5~6등급의 중 위험 신용등급 자의 평균 대출금리가 10%가 넘는다. 은행예금 금리 1% 시대에. 과연 이 금리로 대출받아 안정성이 담보되는 투자 상품 중에서 이 이상의 수익을 낼 수 있는 상품이 존재하는가? 혹시 신용으로 대출받아 주식에 투자하면 된다고 생각하는 건 아닌가? 하지만 주식 투자에서 깡통계좌가 생기는 이유를 정확히 알아야 한다. 깡통계좌는 바로 신용으로 대출받아 주식에 투자했다가 그 종잣돈까지 말아먹은 탓에 발생하는 것이다.

이런 상투적인 사례를 가지고 말하기는 싫다.

내가 지점에서 근무 할 당시 우리 지점에 오는 사람들 중에서 비까번쩍한 자동차를 타고 잘 빠진 슈트를 입고 내방하는 사람은 십중팔구 대출받으러 찾는 사람이었고, 내가 자주 가는 지점 근처의 수 퍼, 밥 집, 피자집 등 점포를 운영하는 사람들은 옷차림은 허름해도 통장잔고가 억대가 넘는 사람들 이었다. 그들은 하루의 수입이 얼마든 간에 수입의 일정액을 매일 저축하던 사람이라는 공통점이 있다. 그리고 수십억 원의 예금 잔고를 가진 고액 예금자들은 대개 단종된 오래된 차를 타고 지점을 방문한다. 그들이 나에게 접대라고 사주는 밥은 지금으로 말하면 5,6천 원 하는 삼치 백반이었다. 이들이 삼치 백반을 뼈 구석구석까지 아주 맛나게 먹던 것이 어제 일처럼 생생하다. 물론 이를 일반화시키는 것은 오류일 수 있다. 그러나 이런 사례를 많이 접하다보니 요즘 유행하는 빅 데이터 통계처럼 객관화 되는 측면도 있다. 즉, 근거가 없는 것이 아니라는 것이다. 부자 되는 과정은 쉽지 않다. 그러나 합리적으로 소득을 관리하고 돈을 허투루 쓰지 않는 소비습관을 가지면 불가능하지도 않다.

부자 학(富者學)에서는 이런 말을 한다. 소득이 얼마가 됐든 간에 자신의 소득에서 절반을 지속적으로 저축한다면 시간이 문제일 뿐 누구나 부자가 될 수 있다고. 매 월 받는 소득이 겨우 입에 풀칠이나 할 정도의 사람에게 이런 얘기는 현실감이 떨어진다. 하지만 그렇다고 해서 별달리 뾰족한 방법이 있는 것도 아니다. 정상적인 방법으로는 저축으로 부자가 될 가능성이 거의 없다 보니 사행성 게임을 하거나 매주 로또를 구매해 인생 역전을 꿈꾸는 사람이 많다. 충분히 이해할 만하다. 그러나 세상에 그런 요행이 나에게 오리라는 보장은 없다. 바로 그래서 생활이 힘들고 어려워도 단 한 푼의 돈이라도 저축하는 습관을 가지라고 하는 것이다.

세상일은 모르는 것이다. 지금 희망이 안 보인다고 포기한다면 그것은 희망의 싹을 스스로 잘라버리는 행위다. 우리 일상은 힘들고 고되다. 그럼에도 우리가 저축의 힘을 믿어야 하는 것은, 인간은 희망을 잃어버리면 깊은 절망에 빠질 수밖에 없는 존재이기 때문이다.

자산 관리는 개인 능력에 따라 결과가 크게 달라지는 매우 창조적인 일이다. 신용관리는 기본이고 소득이 얼마가 됐든, 설사 그 돈의 1%의 돈 밖에 안 된다 해도 저축 한다는 마음으로 살면 시작은 미약해도 그 끝은 창대한 결과가 만들어 진다. 현실은 야속하지만 그래도 희망을 갖기 위해서는 이 말의 진정성을 믿어보기로 하자.

경제 변화에 맞춰
투자를 해왔다

　돈 많은 부자들은 어떻게 투자를 하고 살까. 많은 사람들이 먹고 살기 어렵다고 하는 판에 고액 자산가들의 돈은 오히려 늘어났다고 하니, 그들만이 아는 비법이 있기는 있는 모양이다. 이런 그들이 이 혹독한 저금리 시대에 자신의 돈을 까먹기만 하는 은행 보험사의 저축 예금 연금 상품에 돈을 묻어 둘리가 없다. 그들은 투자 상품의 가치는 절대적이지 않고 경제 흐름에 따라 상대적 가치가 있다는 사실을 이미 알고 있다.

　최근 그들이 다가구 원룸, 상대적으로 금리가 높은 회사채, CP 등의 상품에 투자 비중을 늘리는 것도 이러한 저금리 탓이다.

　현재 금리는 우리나라만 내리고 있는 것이 아니다. 일본의 경우에는 오래전에 마이너스 금리시대가 서막을 올렸다. 이 때문에 일본에서는 1만 엔 권의 화폐가 동이 난다는 얘기까지 나오고 있다. 손해만 보는 은행에 예금하느니 고액권 바꿔 집안에 보관하는 것이 더 유리하기 때문에 이런 현상이 발생하는 것이다.

정부가 돈을 풀어 내수경기를 진작 시킨다는 신자유주의 통화정책이 만든 양적완화 정책으로 전 세계가 몸살을 앓고 있다. 양적완화로 통화량이 증가하면 금리가 떨어지는 것은 당연한 일이다. 그래서 우리나라뿐 아니라 주요 경제국가에서도 마이너스 금리 시대가 온 것이다.

이미 일본과 유럽은 마이너스금리상태다. 내수경기를 진작시킨다는 명분으로 각 나라가 앞을 다투어 통화량을 늘리는 양적완화정책을 쓰기에 발생한 일이다. 통화량을 늘려 금리를 낮추고 경기를 진작시킨다는 양적완화 정책은 그러나 이웃나라를 더 가난하게 만드는 악마의 정책이 되고 있다. 한 나라의 중앙은행이 통화량을 크게 늘려 자국의 통화가치를 낮추는 양적완화 정책을 쓰면 상식적으로 어떻게 되는지 알아보자.

통화량의 증가로 인해 자국통화의 가치는 하락(환율인상의 효과)으로 자국 상품의 경쟁력이 높아져 수출량이 증가하지만 경쟁국들은 이 인위적인 통화정책으로 말미암아 수출량이 감소하고 경제는 침체된다. 특히 대외 의존 형 경제구조를 가진 우리나라가 받게 되는 영향은 매우 심각하다. 일본정부의 양적완화정책으로 엔화가치가 하락함으로써 유커라고 부르는 중국 관광객이 일본으로 대거 이탈하고 주요 수출품의 가격 경쟁력 약화로 우리나라 기업들이 큰 손실을 입고 있는 실정이다.

일본은 2013년부터 엔화를 무제한 푸는 소위 아베노믹스라 부르는 양적완화정책을 펼쳐오고 있다. 그럼에도 경기가 살아나지 않자 2016년 2월에는 마이너스 금리라는 극약처방까지 했다. 이 조치로 일본에서 예금을 하면 0.1%의 금리를 받던 것에서 이제는 반대로 0.1%의 수수료를 내야한다. 일본만 그런 것은 아니다. 유럽 중앙은행은 그 전에 금리를 마이너스 0.3%에서 0.4%까지 내렸다.

양적완화정책을 쓰면 은행들이 보유한 자금을 중앙은행에 예치하고 대출을 늘려 소비가 활성화될 것으로 기대한다. 그러나 현재는 그 역효과를 걱정해야 하는 처지에 있다.

정상적인 경제라면 사람들이 일해서 번 돈을 은행에 예금하고 이 돈이 기업으로 흘러가 산업부분에 투자되어, 고용을 창출하는 선순환적 흐름이 되어야만 한다. 그러나 돈을 풀어 모든 경제문제를 해결하려는 인위적인 통화정책으로는 근본적인 경제 문제를 해결할 수가 없다. 우리나라도 현재 그 연장선상에 있다. 한국은행이 금리를 아무리 내려도 경기는 회복의 기미가 없고, 금리의 인하로 저축률마저 낮아지는 형국이다. 그럼에도 정부는 저금리정책을 포기 하지 못하고 있다. 그래서 지금의 저금리는 변수가 아니라 상수라고 표현하는 것이다. 따라서 저금리가 고착화되는 상황을 염두에 두고 투자전략을 생각해야만 한다.

금리에 수동적으로 대응하는 사람들은 절대 투자로 돈을 벌 수가 없다. 금리에 수동적으로 대응하는 사람은 투자행위가 그를 더 가난하게 만든다.

금리에 대응하는 자세에 있어서 우리가 은행권 금융상품의 프레임에 갇혀 있으면 정말 그렇게 될 수가 있다.

왜 지금 이 금리로는 은행권 상품에 투자해 봤자 실질이자로 계산해 마이너스 수익률을 올릴 것이 명확하기 때문이다.

은행권의 거의 모든 수신 상품 금리에 절대적인 영향을 미치는 한국은행 기준금리가 계속해서 낮아지고 있다. 금리 인상 요인이 많음에도 금융통화위원회는 오히려 기준금리를 내리고 있다.

금리는 기본적으로 시장에 풀린 돈, 그러니까 통화량의 많고 적음에 따라 결정된다. 이것이 이른바 케인즈가 말하는 유동성 이론이다. 그러나 금리가 이렇게만 결정될까? 이보다는 정부의 정책적 목표를 이루기 위한 시장 개입으로 인해 금리 조작이 수시로 이뤄지는 게 현실이다. 내수 경기의 진작, 정부 관료들의 친(親)기업 성향 등의 이유로 금융통화위원회는 한국은행 기준금리를 올리지 못하고 있다. 금리 인상 요인이 많음에도 말이다.

그래서 현재의 금리는 전통적인 금리 사이클에서 한참 벗어나 있다. 또 바로 그래서 변수가 아니라 상수라고 표현하는 것이다. 금리 흐름에도 주기적으로 발생하는 패러다임 변화가 있다. 1990년대 금융 자유화가 시행되기 전과 그 후의 금리 흐름에 근본적으로 차이점이 있는 것처럼 말이다. 따라서 자금 관리를 통해 가처분 소득을 조금이라도 올리려면 투자 상품에 대한 코페르니쿠스적 사고의 전환이 필요하다.

하우스 딸기와 채권값

금리가 낮다는 것을 전제로 은행예금보다 상대적으로 높은 이자를 주는 상품이 무엇인가.

이 질문에 맞는 상품이 금융시장에서는 채권이라는 상품이다. 채권은 정부, 기업, 금융회사들이 자금을 조달하기 위해 발행한다. 국가가 발행하면 국고채가 되는 것이고, 금융회사가 발행하면 금융채이고 기업이 발행하면 회사채가 된다.

3월 중순이 되면 장터 여기저기 과일가게에서는 하우스에서 재배된 딸기를 판다. 장터에서 파는 하우스 딸기는 쉽게 시들기 때문에 시간이 지날수록 딸기 가격이 계속해서 떨어진다. 주인입장에서는 딸기의 가격과 시간이 비례해서 리스크가 증가 한다고 볼 수가 있다. 즉 출하시점과 그 이후의 시간경과와 비례해 가격에 대한 리스크는 커지는 것이다.

채권도 그렇다. 다만 리스크의 원인이 시간이 아니라 채무상환가능성이 된다. 무슨 말이냐 하면 채권은 만기에 채무에 대한 변제 가능성에 따라서 신용등급이 18등급으로 분류되고, 이에 따라 리스크를 감안한 금리가 결정된다. 그러니까 한국은행의 기준금리가 1.25%라해도 신용등급에 따라 증권시장에서 유통되는 투자적격 채권 중에서 그 이상의 금리를 주는 채권 상품이 있다는 말이 된다. 시든 딸기가 가격이 싸지는 것처럼 채권의 수익률 역시 발행회사의 신용등급에 따라 변화무쌍하다.

증권시장에서 자유금리 기업이라고 부르는 CP 상품 역시 채권의 가격결정 구조와 같이 움직인다. 이 때문에 CP를 단기 실세금리 금융상품을 대표한다고 말을 하는 것이다.

빚의 무서움을 일찍부터 깨달았다

　빚을 내서 쓰는 돈이 아무리 좋다한들 결국 내 인생의 독극물이 될지 알면서 무작정 빚을 내서 쓰고 사는 일은 하면 안 된다. 그런데, 이 나라는 어떻게 정부가 나서서 개인에게 빚을 내서 투자하라고 권하는 나라다. 사람들은 이런 말을 한다. 기준금리가 낮다는 것은 은행 예금금리만 낮은 것이 아니라 대출금리도 낮다는 얘기이므로, 이런 기회에 저금리로 대출받아 적극적으로 투자해야 한다고.

　당신은 이 말을 믿는가? 예금금리가 낮아지니 대출금리가 따라서 낮아지는 것은 맞다. 그러나 이는 A급 담보라고 하는 아파트, 다세대, 연립, 빌라 같은 주택 담보 대출에나 해당되는 얘기다. 담보가 없는 사람은 개인의 신용등급에 따라 다르지만 평균적으로 거의 10%가 넘는다. 신용등급이 떨어지는 사람은 대출 가능 액수가 줄어들 뿐아니라 대출금리는 오히려 더 높아진다. 과연 이런 금리로 대출받아 이보다 더 높은 수익을 내는 상품이 있기나 할까?

금리가 떨어져 주가가 들썩이니 신용으로 대출받아 주식이나 해볼까 하는 사람들이 늘고 있다. 통계자료를 보니 새로 유입되는 주식투자자 중에서 20대가 전체의 40%를 차지한다고 한다. 신분이 학생이거나 사회생활을 처음 시작하는 20대가 돈이 어디 있다고 주식투자에 나설까. 이중에서 상당수는 고리의 신용대출을 받아 그 돈을 시드머니 삼아 투자하는 사람이다.

어느 연령층보다 돈에 대한 욕망이 많은 20대 30대라면 누구나 이런 경험을 한 번 이상은 하는 세상이다. 그러나 이 시기에 과도하게 빚을 내서 투자했다가는 영영 신용을 회복하지 못한 상태에서 사회생활을 마감해야 할 수도 있다. 대출을 받아 투자를 한다 해도 영리하게 해야 한다.

빚이 지렛대 역할을 해서 종잣돈 이상의 돈을 벌 수 있다는 것이 소위 말하는 레버리지 효과다. 만약 내가 갖고 있는 돈이 100만원이지만 빚을 100만원내서 투자하면 투자원금 대비 2배의 수익을 올릴 수 있다는 것이 레버리지 효과 다. 그런데 만약 원금 100만원에 빚을 내 100만원을 합한 200만원으로 투자해 50%의 손실이 발생하면 그 즉시 투자 원금은 날라 간다. 주식에 신용을 걸어 투자하는 경우 이런 일은 다반사로 발생한다. 주식시장에서 깡통 찬다는 말이 이를 두고 하는 말이다.

투자를 하는 데 있어서 빚이 무조건 나쁜 것은 아니다. 부동산에 투자하는 경우에는 세금을 합법적으로 회피하는 과정에서 빚을 내서 투자하기도 한다. 환금성이 뛰어나고 투자의 안정성이 보장되는 독신가구를 대상으로 하는 수익성 임대부동산은 저리로 대출받아 매입대금에 보태면 그 효과가 크다. 대축금리가 3%이지만 월세의 수익률이 그 이상이 되는 임대주택 투자에서 빚은 양질의 투자 금으로 변하기도 한다.

그러나 고리로 대출받아 그 투자리스크를 감당 할 수 없는 선물 옵션 주식 현물투자를 한다면 그 결과는 어떻게 될 까. 반드시 그렇게 되리라고는 확신할 수는 없어도, 투자 손실이 오히려 커질 확률이 높다. 이것이 일반적이다.

빚은 동전의 양면이다. 안전자산에 자신의 투자 금에 일부 부족한 돈을 보태서 투자하는 경우에는 그 효과가 선순환의 구조를 가져오나, 그 반대의 경우는 치명적인 손실이 발생한다.

자신이 갖고 있는 돈이 적을수록 과격한 투자행위를 한다. 한 번에 모든 것을 해결하려는 욕심이 앞서기 때문이다.

신용대출금리의 부당 거래

은행의 예금금리는 1%대 이지만 신용대출금리는 이에 비한다면 어마어마하다.

신용등급이 1등급의 경우 대출금리가 3.8%다. 이것도 예금 금리와 비교하면 약 3배 다. 그러나 문제는 그 다음 신용등급에 해당하는 사람들의 대출금리다. 신용등급 별 대출금리의 차이는 약 2.5% 수준이다. 이것도 5등급까지만 그렇다. 6등급부터는 대출금리가 급등하기 시작해 6등급의 신용대출금리는 무려 17.8%다. 중간등급의 신용대출금리가 이렇다는 것은 매우 놀랍고 부당하다. 이 기준은 그들이 만든 것이다. 부당해도 어쩌겠는가. 7등급은 21.2%, 8등급은 23.5% 다. 신용등급이 낮은 사람들은 채무 상환이행도가 떨어져 금리를 높게 받아야 한다고 그들은 말하지만, 신용등급이 중간지대에 있는 사람들에게까지, 이 같은 고금리로 대출한다는 것은 그들의 이익만 추구하는 편의적인 발상이다. 만약 중간지대 신용등급을 가진 사람들의 채무상환 이행도가 급격히 떨어진다면 이는 우리나라 금융시스템의 근간이 무너지는 것이나 마찬 가지의 일이 벌어진다. 신용등급의 산정 금리 적용에 있어 대출시장의 수요자의 의견이 균형적으로 받아져야, 지금의 신용대출이 부당거래라는 비난을 받지 않는다.

은행에 약점 잡히지 않게 개인의 신용관리는 철저히 챙겨야 한다.

생활 속에서
돈 버는 법을 찾았다

재테크 시장에서 자주 인용되는 말이 "부자들의 점심에는 공짜가 없다."는 것이다. 이 말은 그들에게는 그들만의 부자 되는 비법이 있기 때문에 돈을 지불하고 들을 만한 가치가 있다는 말이다. 그러나 그들의 생활 속을 들여다보면 그들의 비법이라는 것은 우리가 모두 알고 있는 그러나 실천하지 못하는 상식들을 자신의 재테크에 접목시킨 것뿐이다. 만약 부자 되는 비법이 세상에 존재한다면 시장에서 가장 비싸게 팔릴 것이 분명하다. 그러나 애석하게도 그런 비법은 세상에 존재하지 않는다.

그들은 그 대신 시장에서 돈의 움직이는 원리를 일찍이 깨달은 사람들이다. 부자들은 사업을 해도 다른 사람과 다르다. 사업은 결국 돈이 하는 것이다. 사업을 시작하고 나서 사업이 본궤도에 오르기까지는 계속 돈이 들어간다. 조금만 버티면 성과를 내는데 일시적인 어려움을 이겨내지 못하고 운전자금을 제때 확보하지 않으면 그냥 무너지는 것이 사업이다. 이럴 때 매출채권을 활용하는 팩토링(factoring) 금융에 능하다면 결제대금이 나오기 전이라도 이를 활용해 얼마든지 운전자금을 조달할 수 있는 기회가 생긴다. 팩토링 금융을 활용하면 현금화되지 않은 진행 중인, 용역과 서비스 등을 기초자산으로 해서 얼마든지 운전자금을 조기에 확보할 수 있다. 그것뿐만이 아니다. 은행에서 재할인 적격 대상이 아닌 물대어음(진성어음)을 담보로 해서 자사 발행 융통어음을 할인하는 방법으로 자금을 조달할 수도 있고, 어음 만기일 전에 할인을 해서 자금을 조기에 확보할 수도 있다.

사업에 나서는 사람이 분명히 알아두어야 할 사실은, 자신이 오너라면 현장을 챙기는 일도 중요하지만 자기 스스로 자금 전문가가 되지 않으면 안 된다는 점이다. 우리나라의 창업자 비율은 다른 경제협력개발기구(OECD) 국가들과 비교해서 매우 높다. 산업구조가 이를 부추기는 측면이 크다. 그래서 자발적으로 창업하는 것이 아니라 등 떠밀려 창업에 나서는 사람이 많다. 그 결과 이제 업종이 무엇이든 거의 모든 시장이 만원이다. 그 속을 비집고 들어가 창업해서 성공할 가능성이 크지 않은 것이다.

이런 와중에 매출이 증가해도 이익이 비례해서 늘지 않거나 매출이 줄어들면 이익은 고사하고 부족자금을 메우기 위해 외부에서 자금을 조달해야 하는 악순환이 반복된다. 이렇게 되면 금융비용 증가는 당연한 수순이고, 이 상태가 지속되면 사업을 접어야 한다.

사업을 접는 것이 중요한 일이 아니라 재기가 불가능할 정도로 재정 상태가 엉망이 된다는 게 큰 문제다.

이처럼 자금 관리의 중요성을 모르고 창업에 나서는 건 파도가 높게 치는 바다에 맨 몸으로 뛰어드는 것과 같은 일이다. 이 위험한 창업 시장에서 위기를 벗어나게 해주는 구명조끼가 바로 자금 관리 능력이다. 자금 관리에 능통하다면 사업의 안정성을 크게 높일 수 있다. 물론 그 전에 사업의 아킬레스건인 금융비용, 인건비, 건물 임대료 등과 같은 고정비용을 최대한 줄이려는 노력을 해야 한다. 불황임에도 동네 수퍼가 대기업 계열사의 골목상권 장악에 맞서 버틸 수 있는 것은, 이들이 대체로 가족 경영을 하기에, 소자본 창업에서 가장 많은 비용 지출을 차지하는 인건비를 크게 줄일 수 있기 때문이다.

창업에 나서는 사람들은 업종이 무엇이든간에 이제 매출 확대보다 비용을 줄이고 양질의 자금으로 사업을 시작해야 성공 확률을 높일 수 있다. 창업 시장이 변했다. 성공 확률이 갈수록 낮아지고 있다. 이런 흐름에서는 돈을 많이 버는 방법을 생각하기 이전에 사업 안정성을 높일 수 있는 방법을 먼저 강구하는 것이 중요하다.

생각의 창 3
왜 은행의 예금금리는 다 같은 것일까

주요은행 저축은행의 예금금리 (기준일 2016년 1월 19일, 단위 %)

신한은행	1.62	부산 IBK저축은행	2.52
KB국민은행	1.60	경기 한화저축은행	2.50
기업은행	1.60	경북 대아저축은행	2.50
BNK부산은행	1.60	대구 드림저축은행	2.42
광주은행	1.56	충남 세종저축은행	2.47

위의 도표에서 확인 되듯이 주요 은행, 저축은행의 예금금리가 천편일률적이다. 은행별 예금금리가 차별화가 가능해진 금융자유화가 이 땅에서 실시 된지가 20년이 넘은 이 시점에. 금융자유화 이전에는 정부가 모든 금융회사가 판매하는 금융상품에 대해서 금리를 통제하고 금리를 결정했기 때문에 어느 은행을 가나 동일상품의 금리가 같았다. 그러나 현재는 정부에 의한 관치금융이 사라진 시대다. 그런데 왜 은행의 예금금리는 같은 것인가. 은행 간 침묵의 카르텔이라도 존재하는 것일까. 저축은행의 금리가 은행보다 예금금리가 높은 이유는 저축은행의 대출금리가 은행보다 높은 구조로 대출금리와 비례해 저축은행의 금리도 높은 것이다. 한때 강남에서 영업 중인 저축은행을 부자들의 사금고라고 했던 것은, 저축은행의 예금금리가 은행보다 높아 이곳에 부자들의 예금이 몰렸기 때문이다. 이 흐름이 계속되고 있다고 보면 된다. 다만 저축은행이 구조조정 과정에서 대거 은행 계열사로 편입되고, 대부회사들이 저축은행을 인수하면서 최근에는 은행과 저축은행의 예금금리 차이가 많이 줄어들었다.

부자의 계산기는
나의 이익을 위해 존재 한다

우리는 꽤 오랜 기간 연금을 판매하는 금융회사로부터 세뇌 당해왔다. 그래서 처음 통장을 만드는 사람들에게 연금 상품은 꼭 가입해야하는 상품으로 각인 되었다. 연금은 영어표기로 pension이다. 이 단어의 유래는 영국에서 은퇴자들이 은퇴 후 시골에서 숙박시설을 운용하면서 여기서 나오는 수익을 가지고 노후생활을 보내는 것에서 유래했다. 그러니까 연금은 노후생활에 마지막으로 기대는 생명 줄과 같은 돈이다. 우리가 연금에 가입하는 것도 그 이유다. 우리나라에서 민간 연금 상품의 마케팅은 매우 과열되어있다. 은행, 보험사는 이 시장을 독식하기 위해 전력투구하고 있다. 그리하여 그들에 의해 탄생한 마케팅 용어가 소위 연금 3종 세트다.

그러니까 노후준비를 위해서는 연금3종에 해당하는 국민연금과 이를 보완해주는 연금저축, 퇴직연금에 꼭 가입하라는 것이 그들의 논리다.

국민연금은 어쨌든 본인부담금이 불입액의 절반으로 수익률을 논하기 전에 나름의 가치가 있다. 그러나 민간에서 판매하는 연금 상품은 의미를 찾기 어렵다. 왜냐하면 내가 낸 돈도 찾아먹지 못하는 수익구조 때문에 그렇다.

아래의 글은 연금과 관련한 방송 리포트에 나온 내용이다.

"최근 3년간 모든 변액 연금의 수익률이 마이너스로 조사 됐습니다. 국민연금을 보완해 노후생활을 지탱해주는 개인연금은 잘 알고 가입하지 않으면 오히려 노후가 위태로워 질수 있습니다.(금융소비자연맹대표)"

"보험사들은 사적연금은 물가상승률과 화폐가치가 반영되지 않는다고 말한다. 10년 이상 인기를 끌어온 변액 연금은 사업비가 평균 11%다. 가입자가 100만원을 납입하면 11만원은 먼저 떼어가고 89만원만 적립되는 구조다. 12%의 수익률을 내지 않고는 손해를 볼 수밖에 없다. 실제 2015년 한 해에 판매된 모든 변액 연금이 평균 마이너스 10%의 손해가 발생했다."

"20년 전에 매달 24만원씩 15년을 납부하면 60세부터 매달 130만원에서 140만원을 받는 연금에 가입한 오 모 씨는 그러나 2016년부터 실제 연금을 받아보니 한 달에 40에서 50만원으로 가입당시 설계서 내용에 3분의1에 불과했다."

위의 글은 MBC에서 2016년 4월 10일에 방송된 리포트의 일부 내용이다. 이러니 보험사의 화려한 건물, 임직원의 높은 연봉, 설계사의 억대수당(극히 일부이겠지만) 등 모든 것이 당신이 낸 보험료에서 나오는 것이 라는 말이 나오는 것이다.

　변액 연금 뿐 아니라 거의 100곳에 이르는 은행 보험사 증권사에서 판매되는 퇴직연금, 연금저축 상품 중에서 1%이상 플러스 수익률을 내는 연금이 거의 없다. 대부분 수수료를 공제하면 마이너스 아니면, 0%대 수익률을 기록 할 뿐이다. 문제는 앞으로 이 수익률이 더 나빠질 가능성이 더 높다는 사실이다. 그럼에도 연금 상품에 가입하면 노후를 보장받는 다고 생각하는 것은, 정말 그들의 논리에 현혹 되어 있는 것이라 아니 말 할 수 없다. 연금이 연금 같아야 연금이지, 연금이 내 노후를 망치는 상품이 연금으로 둔갑해서 연금이라는 이름으로 팔리는 것은 정말 큰문제다.

　연금 상품의 본래 취지는 한창 사회생활을 할 때 노후를 준비하기 위해 내 월급에서 일정액을 10년 이상 장기로 불입한 뒤 원금+발생이자를 가지고 노후에 안정된 경제생활을 하기 위한 것이다. 그런데 말이다. 이 연금이라는 상품이 이자가 늘기는 고사하고 수수료라는 명목으로 내 돈을 야금야금 갉아먹는다면 이것도 연금이라고 할 수 있을까? 다시 한 번 금융회사들에서 판매되고 있는 현재의 연금 상품에 대해서 깊은 생각이 요구되는 시점이다.

　위에서 말했듯이 현재 우리가 강제 가입하고 있는 퇴직연금과 개인이 임의로 가입하는 개인연금 수익률이 매우 낮다. 여기에 수수료와 물가 상승분을 빼면 수익은 고사하고 원금만 축내고 있는 것이 현실이다. 나는 개인적으로 이런 상품이 왜 존재하는지 모르겠다. 굳이 존재 이유를 찾자면 개인들 주머니를 털어 금융회사 임직원과 주주들을 먹여 살리려는 게 아닐까?

연금에 대한 미련을 버려라. 저금리, 그것도 기준금리가 1%대인 시대에 이런 상품으로 무엇을 기대한단 말인가. 이런 상품들은 당신의 소득으로 저축이나 투자를 하면서도 수수료를 내고 나면 이자는 고사하고 투자원금의 손실을 일으킨다.

금융회사가 만든 투자의 프레임 안에서 투자 해 온 사람들. 특히 재테크에 새로 입문하는 사람들에게 이 내용이 황당할 수도 있다. 그렇다면 그 대안은 무엇인가라고 나에게 반문 할 사람도 많을 것이다. 내가 분명히 말 할 수 있는 것은 여러분의 금융공부 시간이 늘고 학습량이 축적되면, 여러분 스스로 그 길을 찾을 것이라는 점만은 확실하다고 말 할 수 있다.

부자의 계산기는 그 누구도 아닌 내 자신의 이익을 위해 존재한다. 여러분도 금융거래에 매우 이기적인 사람이 되어야만 한다.

목표가 정해지면
뒤돌아 보지 않았다

　전세대란이 맹위를 떨치고 있다. 이제 전세가가 오를 대로 올라서 일부지역은 매매가와 차이가 없어졌다. 이렇게까지 전세가가 급등하는 이유는 아파트가격이 더 이상은 오르지 않으리라는 암묵적인 합의가 시장을 관통하고 있기 때문이다. 우리에게 아파트는 주거공간이면서 가장 알찬 재테크 상품이었다. 분양에 당첨만 되면 입주도 하기 전에 프리미엄이 오르던 것이 일반적 가격패턴이 될 정도였으니. 아파트 이상으로 내 가처분 소득을 늘려주는 효자상품은 없었다.

　지금은 역사에 묻혀가는 얘기가 되었지만, 90년대 말 강남 도곡동에서 분양된 타워 팰리스는 3.3㎡(1평)당 분양가가 900만 원 이었음에도 미분양이었다. 그러던 타워 팰리스가 입주 10년도 안된 시점에 가서는 분양가 대비 4배 이상 올랐다. 어디 이 곳 뿐일까. 핵심권역 내에서 분양된 아파트만이 아니라, 서울을 포함한 수도권 지역에서 신규 분양된 아파트들은 지역적으로 차이는 있지만 모두 2배 이상 올랐다. 그러나 달도 차면 기우는 법이다. 당시 아파트 시장을 주도하던 중대형 아파트는 애물단지로 변했고 투자의 경제성은 크게 후퇴하게 되었다. 그러면서 확산되어 가는 논리가 집은 사는 것(buying)이 아니라 사는 곳(living)이라는 개념이다. 즉 앞으로 아파트 가격이 오를 일은 없으니 집을 굳이 살 필요가 없어졌다는 것이다. 여기에 수도권 구도심 전체에서 추진 되어왔던 뉴 타운 재개발 사업으로 멸실 주택이 늘면서 전세파동이 일어난 것이다.

    그런데 이런 시장의 흐름을 무시하고 그래도 내 집을 사라고 말을 한다면 흐름을 역행하는 얘기가 될 수 있다. 그럼에도 집이 없는 사람은 내 집 장만을 목표로 재테크 계획을 세우라고 말하는 것은 두 가지 이유에서다. 부동산 시장에서 중대형 중심의 아파트 시장은 맛이 간 것이 팩트가 분명하지만, 그 대신 소형아파트 그리고 서민주택으로 불러왔던 다세대 연립 빌라 등의 주택은 오히려 가격이 꾸준히 상승해 왔고 지금도 그 흐름은 여전하다. 그러니까 주택시장 전체가 맛이 간 것이 아니고, 투자 물건에 따라 다르다는 것이다. 결론적으로 내 집 마련을 통한 경제성이 사라진 것은 아니다. 또 한 가지 사람들은 목표가 세워지고 그 목표가 절박할수록 없던 힘도 내는 불가사의한 존재다. 역경을 극복하는 인간은 그렇게 탄생하는 것이다. 우리 주변에서도 역경을 딛고 성공한 사람을 많이 보지 않는가. 공부를 안 하던 아이도 스스로 목표를 세우고 정진하면 달라진다.

개인에게 내 집 마련이라는 것도 그렇지 않을까. 내 집 마련이라는 목표를 세우고 재테크 계획을 세우고 실천하면 목표를 앞당길 수가 있다. 그 과정에서 합리적인 지출, 과학적인 투자는 필수적으로 따라온다.

거창한 목표를 세우지 않아도 된다. 사회초년생은 매월 월급에서 어떡하든 10만 원 이상 저축에서 500만원을 만들겠다고 목표를 세우고 정진하면 된다. 그 다음 그 이상의 목표를 정하고 정진하면 그 이상의 종잣돈이 만들어지고, 그 다음 또 같은 목표를 세우고 반복하다보면 무엇을 할 수 있는 의미 있는 종잣돈이 만들어진다. 시대를 원망하고 자신을 탓하는 어리석음에서 벗어나 작은 목표라도 세우고 이를 실천해보자. 세상의 부자는 다 이런 방식으로 돈을 모으고 부자가 됐다. 부자가 되는 공식이 어디 따로 있는 것도 아니다. 현실만 탓해서는 아무 일도 생기지 않는다.

세상에 존재하는 사람들 중에서 소위 흙 수저를 물고 태어나는 사람들이 거의 다 다. 우리가 사는 세상은 역사적으로도 흙 수저를 물고 태어난 사람들이 이끌고 왔다. 영국에서 나온 리포트에도 콤플렉스를 갖고 태어난 사람이 일반사람들보다 더 성공 확률이 많다고 한다. 사람들은 자신이 숙명적으로 갖고 태어난 콤플렉스를 극복하기 위해 더 많은 노력을 한다.

나의 처한 현실로 남에게 동정을 구하고 이를 합리화 시키는 시간에, 자기개발에 열성을 쏟고 매월 적은 소득이나마 10만 원이라도 저축한다는 생각을 하고 이를 실천해보자. 그 기간이 숙성되면

패배의식은 사라지고 도전의식은 커진다. 세상 별거 아니다. 노력하는 사람을 당할 재주는 이 세상에 없다.

임금의 왜곡 등으로 발생하는 사회악은 우리공동체가 연대해 정치적으로 해결하는 방법을 찾고, 개인적으로 노력할 부분에 대해서는 핑계대지 말고 노력을 해보자. 인생은 그 누구도 아닌 나의 인생이다.

연못에서 유유히 유영하는 오리 떼를 보라. 밖으로 보이는 모습은 평온해보이지만 오리들은 그 평온함을 유지하기 위해, 보이지 않는 물 안에서는 물갈퀴가 쉬지 않고 움직인다. 성공한 사람들은 남에게는 보이지 않지만 때로 자신의 한계를 경험 하고 세상을 원망도 한다. 그러나 포기하지 않고, 그 고통을 극복했기에 성공이라는 면류관을 얻게 된 것이다. 세상에 금 수저로 태어나 평생 호위호식하며 산 사람이 인생의 진면목을 알 수나 있겠는가. 부러우면 지는 거다.

돈 없이 재테크 하는 방법 5가지

❶ 불필요한 지출을 줄여 매달 1만 원이라도 저축한다
❷ 절대 절명의 순간이 아니라면 악마의 금융인 현금 서비스, 대부업체 대출을 받지 말라. 이런 곳에 대출을 의뢰한 사실만으로도 당신도 모르는 사이에 신용은 구멍이 난다. 금융권 신용 없이 할 수 있는 일이 그리 많지 않다.
❸ 금융권 신용등급은 돈이라는 생각을 가지고 사소한 연체도 절대 하지 말라. 필요한 시점에 당신이 자신의 신용만으로 돈을 대출받기 위해서는.
❹ 자기개발로 당신의 능력을 업그레이드 시킨다. 직급이 올라가면 자산이 늘고 금융권 신용등급도 올라간다.
❺ 매일 현금지출을 기록한다. 이를 통해 과학적인 지출이 가능해지고 미래를 계획하는 힘이 생긴다.

돈 관리 상황에 따라 다르게 했다

생활 속에서 힘을 발휘하는 알뜰 재테크는 쥐어짜면 짤수록 성과가 나온다. 그래서 알뜰 재테크 족들은 지나칠 정도로 생활을 쥐어짠다. 모든 일이 적당한 선을 지켜야 되는 데, 돈 벌기가 어려우니. 그 사정을 이해 못 할 사람은 없다. 그러나 그것만으로 우리가 재테크로 성취하고자 하는 목표가 이뤄질 수 없다. 결국 재테크의 완성은 투자에서 오는 것인데, 작금의 저금리는 이를 방해하는 큰 요인이 되고 있다.

초보자들은 투자에 매우 의욕적으로 접근한다. 그런데 이들이 선택 하는 상품이 거의 은행, 보험사의 예금 저축 상품 중에서 선택하는 일이다. 그러나 이런 선택이 이들에게 재테크에 대한 무관심으로 돌아서는 계기가 되기도 한다. 나는 내 소중한 돈으로 재테크를 한다고 투자를 했는데 돌아오는 이자는 한 푼도 없고, 보험사 저축 상품은 중도에 해지라도 하면 이자는 고사하고 원금도 금이 간다. 이런 투자로 의욕이 생길 리가 없다. 처음에는 영업자들의 달콤한 속삭임에 영혼을 털리는 결정을 했지만 그때마다 결과는 참담하다.

답답한 마음에 인터넷을 검색해보지만 이미 그곳은 그들에게 점령당한지 오래됐다. 도무지 시장의 객관을 말해주는 이는 아무도 없다. 실망감만 가득하다. 정말 이대로 주저앉아야 하나. 재테크에 대한 흥미도 떨어진다. 이렇게 생각하는 것이 나만의 생각일까.

모든 일이 그렇듯이 세상에는 좋은 상품과 나쁜 상품이 존재 할 수 밖에 없는 구조다. 흔히 우리는 일상의 소비에서 악화가 양화를 구축하는 경우를 자주본다. 특히 금융상품 소비는 그 가치가 일반 생필품을 구매하는 일에 비해, 수백 배의 가치가 있는 것임에도 이런 불합리한 소비가 일상화 되어있다. 그래서 부당하다. 본인이 사리분별을 잘해서 이 함정들을 피하는 수밖에.

투자 상품에서 좋은 상품은 원금의 손실이 발생하지 않고, 기준금리이상의 세후 수익률을 낼 수 있다면 그 상품이 좋은 상품이다. 그런데 이 좋은 상품도 경제의 변동에 따라 그때그때 다르다는 한계가 있다. 그러니까 언제나 좋은 것이 아니라 경제변동에 따라 그 경제적 가치가 크게 달라지기도 한다는 점이다.

내가 초보자들에게 자주하는 얘기가, 투자 상품에 대해서 경계심을 갖지 말라는 것과 투자 상품의 가치는 투자시점의 경제적 상황에 따라 상대적인 가치가 달라진다는 말이다.

　이런 예는 부동산 시장에서 흔하게 발생한다. 수익성 부동산의 카테고리에 들어 있지만 상가와 임대주택은 투자시점의 내수경기, 인구변동에 따라 그 수익률에 큰 변화가 있다.

　기준 금리가 낮아지면 확정금리를 지급하는 거의 모든 금융상품의 수익률은 낮아진다. 하지만 은행권 보험사 상품과 비교해서 발행회사에 따라 그 수익률의 차이가 큰, 기업이 발행하는 회사채, CP, 후순위 채권 등의 자산유동화증권에 투자하면 한국은행 기준금리 3배 이상의 수익률이 언제든 가능하다. 또 여유 돈이 어느 정도 되는 사람들은 독신가구의 급증으로 그 가치가 크게 상승했고 상대적으로 수익률도 높은 주거용 임대주택(오피스텔, 다가구 원룸)에 투자하면 10% 이상의 수익률도 가능하다.

　물론 돈 없는 사람이 투자하기에는 금융상품이 그나마 적당하지만. 이 경우라도 이제 금융상품 쇼핑의 동선을 바꾸라는 말을 하고 싶다. 어느 정도의 의미 있는 종자돈을 만들기까지는 자유적립식 예금에 저축하고 만기 후에는 증권사 창구에서, 그들이 바이 백 조건으로 판매하는 소액채권에 투자하면 이 혹독한 저금리 상황에서도 은행예금의 3배 이상의 수익률은 무난하게 받을 수가 있다.

　내 얘기를 듣고 이렇게 비난하는 사람도 있을 것이다. "나는 돈이 없어 원룸주택이 돈이 되는지 알아도 투자를 할 수가 없고, 증권시장, 증권사를 통해 채권, 유동화 상품에 직접 투자하는 것은 익숙하지 않은데 어쩌라구." 충분히 이해가 되는 비난이다.

그렇다면 제한된 범위에서라도 전략적 선택을 할 수는 있는 것이 아닌가. 정기예금, 적금을 든다면 은행보다 금리가 높은 저축은행에 가서 예금을 하고 자유적립식예금에 저축하면, 적어도 은행보다 1%이상의 금리를 더 받을 수가 있다. 연금저축은 은행의 신탁형의 평균수익률이 높으니 이 상품을 선택하는 것 등.

또 아니면 종금사의 고유계정 상품인 발행어음, CP에 투자하는 방법도 생각해볼 수가 있다. 물론 가장 좋은 방법은 투자 상품을 스스로 디자인하여 선택하는 방법이 가장 좋은 것이지만.

무엇이 됐든
후회 없이 사랑했다

당신은 그 누구를 후회없이 사랑한 적이 있는가.

"사랑하면 알게 되고 알게 되면 보이나니 그때 보이는 것은 전과 같지 않으리라."

조선 정조 시대 문장가 정암 유한준 선생의 글이다. 이 글이 세상에 널리 퍼지게 된 계기는 〈나의 문화유산 답사기〉를 쓴 유홍준이 이것을 그의 책에서 인용하면서부터다. 그렇다. 세상의 모든 일은 사랑하지 않으면 관심사에서 멀어지고 곧 잊힌다. 반면에 관심을 가지고 들여다보면 예전 그대로인 것 같지만 전혀 새로운 것으로 다가온다.

스무 살 사랑앓이는 필수과목이다. 스무 살 사랑의 열병으로 수많은 밤을 지샌 경험이 없다면 이는 청춘이 아니다. 사랑하면 그 사람에 대한 생각이 일상을 온통 지배한다. 밥을 먹을 때도, 잠을 잘 때도 그 사람에 대한 생각밖에는 떠오르지 않는다.

"지금 그 사람은 뭘 하고 있을까? 혹시 그도 나처럼 서로에 대한 생각으로 하얗게 밤을 지새우고 있을까? 그 사람이 자주 가는 카페는 어디이고, 그 사람이 좋아하는 음식은 뭘까? 혹시 그 사람이 나를 만나기 전에 다른 사람을 만나 사랑을 나눈 적은 있을까? 그 사람의 부모는 어떤 사람일까? 그 사람의 친구는, 그 사람의 형제들은" 그 사람에 대한 관심은 꼬리를 물고 이어진다.

사랑의 또 다른 이름은 관심이다. 그래서 사랑하면 알게 되고 알게 되면 그 사람에 대한 이해의 폭이 커진다. 천하의 명화가 눈앞에 있어도 작가의 의도를 알지 못하고 명화를 감상하는 행위는 길거리 간판 그림을 보는 것과 다르지 않다. 그런 사람의 눈에는 둘 다 하얀 백지에 물감을 칠해놓은 것에 불과할 뿐이기 때문이다. 하지만 갤러리를 가기 전에 작가의 포트폴리오와 그림에 담긴 작가의 철학을 공부했다면 그 그림은 그의 눈에도 명화의 가치를 알게 해줄 것이다.

우리가 하는 일도 그렇다. 자신이 좋아하는 일에 일만 시간을 투자하면 해당 분야의 전문가가 될 수 있다고 한다. 자금 관리도 마찬가지다. 지출 내용을 기록하고 많건 적건 매일 자산 현황의 증감을 기록하는 일에 하루 30분씩 1000일을 투자한다고 가정하면, 이것은 이내 습관이 되어 미래를 구체적으로 계획하고 목표를 이루는 데 큰 도움이 될 것이다. 자금 관리 1000일 동안 사랑하라. 어느 순간 그 사랑은 당신 인생에서 영원한 사랑이 될 것이고, 그 사랑이 깊어

갈수록 당신의 인생도 풍요로워지리라.

우리가 사는 세상에 완벽한 계획이란 존재하지 않는다. 인생은 너무나 복잡한 이해관계와 변수로 얽혀 있다. 그리고 기술 발전이 빛의 속도로 진화하는 시대에는 경제의 물적 토대 또한 빛의 속도로 변한다. 빛의 속도로 변화하는 세상에서 어찌 완벽한 계획이 있을 수 있겠는가.

인생사는 한 편의 영화 시나리오가 절대로 될 수 없다. 영화 제작사는 제작비를 아끼기 위해 영화 촬영을 진행하는 중에 발생할 수 있는 사고들을 미연에 방지하고 스케줄을 차질 없이 소화하기 위해 시나리오를 철저하게 분석하여 사전에 완벽한 영화 콘티를 만든다. 그럼에도 영화가 사전에 계획된 콘티대로 진행되기는 어렵다. 고작 한 편의 영화 만들기가 이러할진대 영화보다 수십 배, 수백 배나 변수가 많은 우리 인생사에 완벽한 계획이란 있을 수 없다. 그러나 재테크는 실천만 밑받침된다면 경제 부분에서 인생의 불확실성을 크게 줄일 수 있다. 그런 측면에서 자금 관리는 미래 인생에 최소한의 안전장치를 마련하는 역할을 한다고 할 수 있다.

재테크에서 알고 하는 것과 모르고 하는 것은 천양지차다.

저금리라고 자포자기하고 두 손 놓고 있으면 당신의 재정은 더 가난해질 수밖에 없다는 사실을 명심하기 바란다. 그래서 실패하지 않기 위해서라도 자금 관리가 필요하다고 힘주어 말하는 것이다. 지금의 은행을 통해서 자산을 불리겠다는 생각은 버려라. 지금은 은행과의 거래가 늘면 늘수록 은행만 더 배부른 돼지가 될 뿐 당신은 더 가난해진다.

우리는 현재의 금융시장 금리를 가리켜 초저금리 시대라고 한다. 이 말은 은행에 예금해서는 물가 상승에도 못 미치는 이자를 받는다는 말이다. 이렇게 서민들이 저금리로 고통 받는 순간에도 은행들의 수익은 계속 증가했다. 왜일까. 높은 예대 마진 때문이다. 예대 마진은 은행이 돈 장사를 해서 남기는 이익을 말하는 것으로, 예금과 대출 간의 금리 차이를 가리킨다. 즉, 은행이 예금이자는 줄이고 대출금리를 높이면 예대 마진은 증가한다.

우리나라 예 대율은 130%로 주요 17개 국가 가운데 세 번째로 높다. 은행이 이익에 탐욕을 부리면 유동성 위기가 발생해, 금융위기의 원인이 된다는 사실을 잊어서는 안 된다. 이 점을 걱정해 정부당국도 은행에 대해 예대 마진율을 축소하라고 강력히 경고해도 우리나라 은행들의 과도한 예 대율 집착은 계속되고 있다. 그럼으로써 은행들은 저금리로 인한 은행 손실을 전부 고객에게 전가하고 있는 실정이다.

현실이 이런데도 은행과 거래한다는 것은 나는 계속 가난하게 살겠다고 하는 것과 같다. 부자들은 금리1BP(금리 0.01%)에도 거래 금융회사를 바꾼다. 이렇게까지는 하지 않더라도 금리가 1% 이상이나 차이가 나는데도 거래 금융회사를 옮기지 않는 것은, 나는 가난하게 살겠다고 말하는 것과 다름없다.

재테크에서 여유자금(잉여자금)으로 가처분소득을 늘리는 행위는 매우 중요하다. 이를 제대로 하지 못하면 아무리 소득이 높아도 부자가 될 수 없다.

무엇이 됐든 사랑하면 알게 되고 알게 되면 보이지 않던 것이 보이는 법이다. 재테크로 부자가 되고 싶다면 우선 공부를 많이 해야 한다. 그래야 투자의 주체로서 복잡하게 얽혀 있는 아수라 세상에서 자신의 권리를 지킬 수 있다. 파블로 피카소가 그린 세계적인 명화 "게르니카"를 스페인 내전의 역사를 모르고 감상한다면 그저 선과 면이 기이한 형상으로 구성된 단순한 추상화에 지나지 않는다. 이처럼 알고 보는 것과 모르고 보는 것의 차이는 매우 크다.

  재테크도 마찬가지다. 개인이 하는 재테크에서 지식과 경험의 총량 차이가 가져오는 경제적 차이는 엄청나다. 이는 금융상품 하나를 선택할 때에도 큰 힘을 발휘한다.

금융상품의 거짓말에
속지 않았다

저금리도 이제 저축의 시대는 지났고, 투자의 시대가 왔다고 말한다. 이 말의 배후는 필시 펀트 판매수수료도 자신들의 배를 채우는 자산운용사, 보험사가 있다. 금리가 낮아 MMF, CMA 등의 수시입출금식 상품에 일시적으로 돈을 묻어두는 한이 있더라도, 수익률의 변동성이 강하고 수수료가 원금을 갉아 먹는 이런 상품에는 투자를 자제해야 한다.

금융상품을 포함해서 모든 투자 상품의 경제적 비교우위는 어떻게 평가 하는 것이 가장 객관적인가. 이 근본적인 질문에 답하지 않고 소위 말하는 간접투자 상품만을 가지고 투자 상품의 경제성을 논하는 일은 타당하지 않다.

세상에 존재하는 모든 투자 상품은 그 것이 무엇이든 간에 투자

상품의 수익성 안정성 환금성을 가지고 비교 평가해야한다. 이런 관점에서 평가 한다면 은행 보험사 자산운용사에서 판매하고 있는 금융상품은 수익성이 크게 떨어진다. 펀드나 보험사 상품처럼 환금에 따르는 위약금이 많고, 안정성 수익성이 떨어지는 상품이 경제성이 있는 상품으로 포장되어 판매되는 것은 우리가 그들이 만든 프레임 안에서 금융소비를 한다는 결정적인 증거다. 보험사의 연금 상품이 본질에서 벗어나 고객을 가난하게 만들 뿐이라는 사실은 아무리 재테크 초보자라 해도, 간간히 나오는 비교적 객관적 팩트를 가지고 쓴 기사를 검증하면 다 알 수 있는 것임에도, 우리는 아직도 이 경제성이라고는 전혀 없는 상품을 가지고 살 것인지, 말 것인지 그 선택을 고민한다. 이거 잘못 돼도 한참 잘못 된 것 아닌가.

"변액연금보험 46개 중 18개가 10년 후 해약해도 원금이 손실되는 상품이다. 공정거래위원회가 최근 발표한 K-컨슈머 리포트를 둘러싸고 생명보험협회와 진실 공방전을 벌이고 있는 금융소비자연맹이 이 같은 내용의 변액 연금 보험에 대한 비교평가 결과를 추가로 발표했다.

금소연에 따르면 변액 보험의 사업비용은 평균 11.61%(설계사 판매료)다. 이는 보험료 납입과 동시에 보험사가 사용한다. 보험사가 내세우는 보장금액(변액 연금 500만 원 수준)에 들어가는 비용(위험보험료)은 납입보험료의 1.17%(납입보험료 20만 원 중 2333원, 설계사 판매상품의 평균)에 불과한 수준으로 공제금액의 90.9%가 사업비용으로 집행된다.

금소원 보험국장은 "변액 보험의 펀드 수익률이 연평균 4%라고 가정한다고 해도 10년이 지나서 해약 환급금이 원금 수준이라는 것은 소비자들이 정확히 알고 가입해야 할 것" 이라고 말했다."

위 기사의 출처는 공정거래 위원회가 발표한 K- 컨슈머 리포트를 기초로 작성됐다. 기사내용대로 변액 연금의 현재 수익률 결과가 이렇다면 이런 상품은 쓰레기통으로 직행하고 다른 대안을 찾아야 함에도 이게 쉽지 않은 모양이다.

보험사의 설계사 중심 오프라인 영업이 위축되면서 최근 급성장하고 있는 것이 홈쇼핑, 콜센터의 텔레마케팅이다. 특히 보험사의 텔레마케팅은 제한된 시간에 설명이 가능한 소액 저축성 보험에 집중된다. 사람들은 몇 만 원 단위의 소액이고, 금리도 은행예금보다 높다는 말에 솔깃해 이 보험에 가입한다. 그러나 막상 가입하고 나서 실제로 받게 되는 금리를 은행금리로 환산해 계산해보면 속았다는 것을 곧바로 알게 된다.

보험사 저축성 보험의 금리계산법에 따르면 보험료에서 사업비를 공제하고 난 후 금리가 계산된다. 그런데 여기서 사업비용은 보험 가입 초기에 집중적으로 공제되기 때문에 보험 가입 후 1년 이내에 해약하는 경우는 원금의 절반도 찾기 어렵다. 아무리 보험사의 마케팅 방식이 안하무인격이라고 해도 계속 이들에게 속는다면 그렇게 속는 개인에게도 문제가 있다.

금리가 물가상승률을 넘지 않는 초저금리 시대에 은행이나 보험사의 저축상품으로 노후를 준비하는 사람은, 내 노후 자금을 포기해 은행과 보험사 임직원을 먹여 살리겠다는 박애주의자가 아니라면 멍청한 사람이다.

은행, 보험사의 저축성 상품만이 아니다. 은행, 증권, 보험사의 연금 상품은 정도는 다르지만 우리 노후를 가난하게 만든다는 점에서는 '초록이 동색' 이다. 가계 부문 자금 관리에서는 돈을 더 벌기 이전에 이런 잘못된 금융 거래로 발생하는 손실을 줄이는 것이 먼저다.

그런데 왜 우리는 이런 잘못된 금융 거래를 반복하는 걸까? 인간은 천성적으로 객관성을 입증하지 못하고 자기 판단을 과신하는 경향이 있다. 하지만 이것은 결과적으로 경제적 파산으로 이어질 수 있다.

왜 우리는 채권, 주식상품 투자하는 일에 있어 간접투자를 하는 것을 당연시 할까. 직접 증권시장에서 채권, 주식을 투자하면 정말 펀드회사의 펀드매니저가 운용하는 펀드들 보다 수익률이 형편 없어지는 것일까. 내 경험으로 단언컨대 그렇지 않다고 말 할 수 있다.

펀드 매니저들을 대상으로 한 주가 예측 실험 결과를 보면 이들의 정확도는 47%에 불과했다. 이 결과는 동전 던지기를 하면 나오는 결과인 50%보다 못하다. 그럼에도 펀드 매니저들은 자기 예측의 정확성에 대해서는 65%의 신뢰도를 보였다. 그들은 자기들의 판단 능력을 과대평가함으로써 결과를 좌지우지할 수 있다는 착각에 빠져 있을 뿐 아니라, 위험을 과소평가하게 만듦으로써 잘못된 결과를 초래한다.

이들은 자신들의 막강한 인맥 네트워크를 활용해 고객의 충성도를 이끌어낸다. 하지만 이들은 고객의 이익을 챙겨주기보다는 고객이 내는 수수료로 연명하는 잉여집단일 뿐이다. 그럼에도 우리는 그들이 우리 지갑을 채워줄 것이라고 믿으며 매번 당하면서도 펀드 투자를 고집한다. 이 정도로 당하고도 펀드에 투자하는 사람에 대해서는 어떻게 말해야 할까?

세상의 모든 일은 개인의 정성이 뒤 따르면 보상이 주어진다. 여러분이 지금 봄철 채소인 알타리 무로 김치를 담근다고 해보자. 김치를 담그는 과정은 매우 복잡하고 어렵다. 우선 채소를 소금에 절여야 하고, 다시 채소의 소금기를 제거하는 과정을 거친 뒤, 찹쌀로 쑨 풀을 그 위에 얹고, 멸치액젓을 사다가 붓고, 온갖 양념으로 버무려야 겨우 작업이 끝난다.

이렇게 힘들고 시간을 낭비하느니 손쉽게 동네 마트에서 김치를 사먹고 싶은 마음이 간절해진다. 그러나 김치를 담그는 과정은 어렵지만, 그 과정에서 내 몸에 좋은 재료를 내가 직접 선택할 수 있고, 적은 비용으로 많은 양의 질 좋은 김치를 먹을 수 있다. 마트나 시장에서 손쉽게 김치를 사먹을 수는 있지만, 김치에 들어간 재료가 무엇인지 나로서는 알 길이 없고 가격도 비싸다. 결론적으로 말하면, 김치를 직접 담가 먹는 것은 그 과정은 결코 쉽지 않지만 종국에 가서는 내 몸에도 좋고, 무엇보다 적은 비용으로 질 좋은 김치를 많이 먹을 수가 있다.

현재 우리가 간접 투자하는 금융상품은 동네 마트에서 사먹는 김치와 같은 것이다. 겉보기에는 화려하지만 정작 어떤 재료가 들어갔는지도 모르고 원가가 얼마나 되는지도 모른다. 금융상품은 손실이 발생하면 그 책임은 투자자가 모두 져야 한다. 이렇게 부당한 상품이 세상에 어디 있는가. 그런데도 지금 당신은 금융회사의 거짓말에 속아 그들의 이익에만 기여하는 금융상품에 투자하고 있다.

만인이 정보를 생산하고 소비하는 시대에 인터넷이 공급하는 콘텐츠 양은 엄청나다. 알려고만 하면 몇 번의 클릭만으로 원하는 정보에 접근하는 일이 어렵지 않다. 그러나 그 인터넷에도 정보의 사각지대는 있다. 그리고 인터넷은 개인을 자신들의 이익의 도구로 삼는 자들에 의해 역정보가 끊임없이 생산되고 유통되는 곳이기도 하다. 악화가 양화를 구축하는 곳이 인터넷 공간이다.

인터넷을 통하면 재테크에 관한 엄청난 정보를 얻을 수 있다. 인터넷은 금융회사들에게는 마케팅 프로모션을 펼치는 중요한 창구다. 때문에 금융회사에 속해 있는 비정규직 영업직들의 극성스런 영업활동이 객관적인 정보 유통을 사실상 불가능하게 한다. 이런 환경에서 금융에 무지한 초보자는 그들의 먹잇감에 되기에 딱 좋다.

인터넷이 정보의 생산과 유통이라는 측면에서 긍정적이라는 사실은 부정할 수 없다. 그러나 그 공간을 자신의 영업활동에 이용하는 세력이 매우 많다는 것을 우려하지 않을 수가 없다. 그들은 자기들에게 이익이 되는 한 소비자가 피해를 보든 말든 전혀 개의치 않는다. 그들에게 소비자의 손실은 언제나 그들의 주머니를 채워주는 눈먼 돈으로 돌아오기 때문이다. 보험사 영업사원들이 죽기 살기로 판매에 극성을 부리는 이유가 무엇 때문이겠는가. 그들 대부분은 비정규직 개인 사업자로서, 본사로부터 나오는 고정급여 한 푼 없이 상품 판매 수수료만으로 생계를 유지한다. 이러니 죽기 살기로 판매에 목숨을 거는 것이다.

보험회사에서 말하는 금리는 보험료에서 그들이 정한 사업비를 공제하고 계산한 것으로, 우리가 일반적으로 알고 있는 금융권의 금리 계산법과는 매우 다른 원리로 계산된다. 즉 보험사의 금리 계산은 그들에게 이익이 되는 한도 내에서 그들끼리만 통하는 셈법으로 이루어진다. 이것을 모르고 그들의 달콤한 말에 현혹되어 저축성 보험 상품을 덥석 물었다가는 사회생활 시작부터 그들의 이익에만 기여하는 봉으로 전락하고 만다.

다시 말해서 좋은 금융상품과 나쁜 금융상품을 구분하는 잣대는 다른 게 아니다. 해당 금융상품이 안정성에 문제가 없다면 개인 소득을 늘려주는 이자를 지급하는가의 여부, 상품 운용에 따른 수수료 비율, 그리고 마지막으로 투자원금 손실에 대한 책임 소재를 따져보면 된다.

문제는 이 기준을 아무리 강조해도 우리들의 저축 습관은 변하지 않고 있다는 점이다.

초보자가 이런 투자 패턴을 따라 한다는 것은 매우 불행한 일이다. 첫 단추를 잘 꿰야 나중의 일들이 순조롭다. 개인은 이를 극복하기 위해 공부하고 노력해야 한다.

집을 짓는 마음으로
재테크를 했다

 훌륭한 집은 어떻게 지어야 할까. 집을 지을 곳에 땅을 파고 여기에 적당히 기둥을 세우고 지붕을 올린다고 훌륭한 집이 될 수가 없다. 이런 집들은 폭설이 내리거나 대홍수가 나면 무너지기 십상이고 이곳에 거주하는 사람들은 집이 무너져 목숨을 잃을 수도 있다. 폭설이 내리고 대홍수가 발생해도 절대 무너지지 않는 훌륭한 집은 시간이 아무리 오래 걸려도 땅을 깊이 파고 튼튼한 주춧돌로 땅을 메운 후 기둥을 세우고 지붕을 얹는 과정을 거쳐야 비로소 탄생하는 것이다.
 최근 경제 흐름의 특징은 어느 날 갑자기 예고도 없이, 흡사 일기예보도 없이 폭설이 내리는 것과 마찬가지로 수시로 찾아오고 그 주기도 짧아졌다. 그동안 우리는 IMF, 서브 프라임 모기지론 금융위기, 남부유럽 국가들의 재정위기 등 수 차례의 금융위기를 맞았다. 금융위기가 오면 금리가 폭등하고 환율은 급등하며 주식, 채권의 가격이 폭락한다. 이런 금융위기가 오면 재정적 토대가 튼튼하지 않은 사람들은 경제적 사망이라는 최악의 순간을 감수해야 만 한다. 그러나 재테크 초기부터 튼튼하게 내실을 다져온 사람들은 그 위기를 피해갈 수는 없어도 그 피해 정도가 상대적으로 적어 회복하는 데 걸리는 시간이 적다. 또 이 시기는 역설적으로 우량 자산을 헐값에 살 수 있는 기회가 되기 때문에 팔지 않고 자신이 보유하고 있는 주식 채권을 쥐고만 있어도 위기가 극복되면 오히려 돈을 번다.

위기라는 말은 위험과 기회를 함께 함축하고 있다. 따라서 금융위기를 위험만이 아니라 기회를 사기 위해서는 평소에 재정관리를 튼튼히 구축해 둬야 한다.

IMF, 서브 프라임 모기지 론 금융위기 당시 똥값으로 떨어진 우량채권, 주식에 투자해 일생일대의 대박을 터트린 가람들은 다 재정적 기반을 평소에 튼튼하게 다져온 사람들이다. 반면 자신의 돈을 다 털린 사람들은 십중팔구 신용으로 주식사고 적정수준 이상으로 빚을 내 투자를 한 사람들이다. 빚을 내 신용으로 주식을 매입하면 채무상환의 압박으로 기다리면 주가가 회복되리라는 것을 알아도 손절매를 해야 하는 아픔을 겪어야한다. 그 선택이 아니면 바로 잔고가 한 푼도 남지 않는 깡통계좌를 피 할 수가 없다. 이런 면에서 집짓기나 재테크나 다르지 않다.

기초 없이 한 번에 모든 것을 다 이루려다 보니 빚내서 투자하는 일을 두려워하지 않고, 안정성이 없는 투자 상품에 기대 수익률이 높다는 이유만으로 무리한 투자를 감행하는 것이다. 인생이 이 순간이 지나면 끝이 날 것 같은 사람처럼.

　골드러시 붐이 불던 서부 개척시대 모두가 자신의 모두를 걸고 포장마차를 사서 끌고 무작정 서부로, 서부로 달려갔지만 정작 황금은 만져보지도 못하고 실패한 인생으로 전락한 사람들처럼 기나긴 수고를 통해 얻어지지 않은 돈은 신기루 같은 것이다. 오아시스의 신기루가 당신을 위로는 할 수는 있어도 그렇다고 달라지는 것은 아무것도 없다.

시간을 지배하는
투자를 해왔다

　재테크 붐이 한창일 때 한때 내 사무실에는 인터넷에서 만난 청년들이 주축이 된 재테크 동호회 회원들이 많이 방문했었다. 그들이 내게 묻는 말은 항상 같았다. 어떻게 하면 돈을 많이 벌 수 있느냐고. 그때 개인적으로 그들과 대화하면서 참 답답했다.

　재테크란 말은 일본에서 시작된 말로, 돈에 공학적 기술을 덧붙여 소위 대박을 노린다는 뜻이 다분하다. 그런데 이런 결과는 여유 자금을 갖고 있는 사람이나 얻을 수 있다. 그래서 사실 청년들은 재테크에 관심을 가질 시간에 자기개발에 매진하여 자신의 경제적 가치를 높이는 게 더 현명한 일이다. 이 이상의 경제적 효과는 없다. 따라서 청년 시기에는 미래를 준비하는 단계를 충실히 밟아 그 후 소득을 만들고 관리하는 자금 관리를 습관화하는 것이 기회비용 측면에서 더 낫다. 청년들의 재테크 붐이 꺼진 것은 다행스러운 일이다. 돈을 기술로 번다는 게 가능한 일이 아니라는 걸 그들이 깨달았다고 믿기 때문이다.

사실 투자 위험이 매우 크다는 주식의 경우도 돈이 많은 사람은 그 위험이 확 줄어든다. 다들 아는 사실이지만, 최근 주식시장을 보면 내수시장에서 시장지배력이 확실한 독점적 기업에 투자하고 기다릴 수 있는 자금력만 있으면, 주식으로 돈 버는 것은 어려운 일도 아니다. 주식시장의 변동성을 이기는 가장 확실한 무기가 바로 주식 투자의 실탄이 되는 돈이기 때문이다.

그러나 돈이 없는 사람이 대박을 노리는 경우, 아무래도 레버리지를 해야 하는데, 이럴 경우 위험은 증폭된다. 주가가 폭락이라도 하면 깡통계좌를 피하기 위해, 시간이 지나면 전 고점을 회복하리라는 믿음이 있어도 신용 물량을 정리해야만 한다. 실탄, 곧 돈이 부족한 탓에 일어나는 일이다.

공학적 의미에서 재테크는 여유자금 없이는 성공하기가 쉽지 않다. 돈 없는 사람이 돈 없이도 레버리지 테크닉만 있으면 재테크가 가능한 것처럼 말하기도 한다. 하지만 이건 말이 안 되는 소리다. 레버리지로 증폭된 리스크를 통제하고 관리하는 일은 세상 누구도 할 수 없다. 부자로 살고 싶은가? 그렇다면 욕심을 부리기 전에 자기개발에 최선을 다하고 사소한 액수라도 돈을 귀하게 여기는 마음을 가져라.

인생에서 진실은 고통을 인내하는 것과 결국은 죽는다는 것뿐이다. 죽기 전에 고통의 임계점을 경험하지 못했다는 것은 참다운 인생의 의미를 모르고 죽는다는 것과 다르지 않다. 고통의 임계점을 경험하지 못한 사람에게 성공이라는 과실은 없다. 공부로 성공하기 위해서는 남보다 압도적인 학습량이 필요한 것처럼, 지금 경제적 성공을 꿈꾸고 있다면 소득을 만들고 관리하는 자금 관리를 먼저 습관화하라. 통장만 많이 만든다고 무엇이 달라지는가. 그것은 쓸데없는 자기만족이다. 재테크에 창조의 가치를 불어넣어라. 이것이 남과 같은 조건에서 시작해도 큰 차이를 만들어낸다.

소득이 적은 사람이 네 개의 통장을 만들어 사용내역에 따라 따로 관리한다고 부자가 될 수 있는 게 아니다. 지속적으로 소득을 확보하고 관리하는 것이 부자로 가는 첫 걸음이라는 것을 반드시 기억하라. 부자가 되는 길은 많은 인내심을 필요로 한다. 무슨 일이 됐든 시작이 중요하다. 처음부터 올바른 재테크 습관에 길들여지지 않으면 돈 관리가 제대로 될 리 없고, 그에 따른 보상 심리로 '한 방'을 기대하는 것이 모든 인간의 심리다. 그렇게 거의 모든 사람이 부자가 되려는 초심에서 멀어져 평생을 돈 걱정 하며 살고 있다.

얼마를 벌든 소득의 절반은 저축한다는 생각으로 살아라. 대형 할인점의 동네상권 장악으로 망해간다는 동네가게 주인들 중에 왜 알부자들이 많은지 생각해본 적이 있는가. 그들은 부부가 함께 일을 하면서 인건비를 최소한으로 줄이고, 얼마를 벌든 소득의 절반 이상은 저축하며 산 사람들이다.

남들보다 소득이 적다고 실망하지 말기 바란다. 내 주변에는 소득은 적지만 시간이 흐르면서 누구보다 잘사는 사람들이 많다. 돈은 어떻게 규모 있게 쓰는가에 따라 그 가치가 달라진다는 사실을 명심하고, 올바른 재테크 습관을 세우고 실천하기 바란다.

셋째 날

초보자가 성공하는
재테크를 위하여

끊기지 않는
소득을 만든다

　재테크를 하는데 있어서 나만 모르는 특별한 비밀 같은 건 없다. 흔히 "부자들의 점심에는 공짜가 없다"라는 말을 한다. 투자의 달인이라고 하는 워렌 버핏은 매년 투자자를 자신의 식사에 초대한다. 공짜는 아니고 그 식사를 경매에 붙여 가장 높은 금액을 제시한 사람만이 그와 식사를 할 수 있는 영광을 얻게 된다. 이런 것을 보면 정말 부자들은 그들만이 알고 있는 돈 버는 비밀이 있을 것도 같다.

　나의 경험으로 볼 때, 이제껏 내가 만났던 부자들은 매우 상식적이고 보수적으로 투자하는 사람들로서, 우리가 일상에서 마주치는 사람들과 다를 게 없었다. 그래도 특별한 것 한 가지만 말하라고 한다면, 그들 대부분은 직장을 다녔건, 개인사업을 했건 사회생활 내

내 마르지 않는 지속적인 소득이 있었다는 점이다. 그렇다. 부자들에게 그들만이 아는 특별한 비밀이란 없다. 만약 있다면 그것은 자신의 일을 충실하게 해서 그 분야에서 성공한 사람들이라는 점이다.

내가 강의 현장에서 만나는 청년들에게 가장 많이 하는 말은 이것이다. 청년기의 가장 훌륭한 자금 관리와 재테크는 자기개발에 열중해서 자신의 몸값을 올리는 것이다! 자신의 일이 무엇이 든 간에 그 분야에서 능력을 인정받으면 일자리가 보장되고, 나아가 능력에 합당한 대우를 받게 될 것이 아닌가. 이렇게 하는 것만큼 안정적이고 지속적인 소득을 확보하는 길은 없다. 바로 그래서 청년기의 재테크 방법은 무조건 자신의 일에 열중하는 것이라는 얘기를 하는 것이다.

성공하는 재테크에 무슨 특별한 노하우가 있다고 생각했던 사람에게는 실망스러운 얘기일지도 모르겠다. 하지만 자금 관리 성공을 위해 해야 할 가장 기본적이고도 기초적인 일은 바로 안정적이고 지속적으로 소득을 만들어내는 것이다. 투자는 그 다음 문제다. 돈이라는 게 어느 날 갑자기 하늘에서 떨어지는 것이던가.

인생에서 매번 만나게 되는 선택의 순간을 기회비용 개념으로 판단하는 것이 과학적인 방법이다. 모든 사물의 가치를 물질적인 잣대로 평가할 수 있는 건 아니다. 그럼에도 우리는 일상에서 대부분 일을 물질적 가치를 기준으로 선택한다. 이때 유용한 도구가 되는 것이 기회비용 개념이다. 우리가 뭔가를 선택해야 할 경우 반드시 또 다른 대안이 있다. 그 중 어느 쪽을 선택해야 이익이 되느냐

하는 문제는 일차적으로 기회비용으로 따져봐야 한다.

임금의 정의가 사라진 나라에서 가장 피해를 보고 있는 청년세대에게 이것을 도식적으로 적용하는 것에 문제가 있다는 것은 잘 안다. 그럼에도 직업이 무엇인가를 따지기에 앞서 금액이 얼마가 됐든 지속가능한 소득을 만드는 일은 매우 중요하다. 개인이 부자로 사느냐 가난하게 사느냐는 절대적으로 임금 차이에서 비롯한다. 그렇다고 해서 좋은 직장에 들어갈 때까지 손 놓고 있어야 하나? 그러면 정말 지는 거다.

서울시 9급 공무원 모집에 대기업 출신과 고학력자들이 대거 몰렸다는 기사가 보도된 적이 있다. 과거에는 9급 공무원은 박봉이고 직업적인 보람도 크지 않다는 게 일반적인 생각이었다. 그리고 예전에는 고졸이 대부분 지원했다. 그런데 이제는 잘 다니던 대기업까지 사직하고 9급 공무원에 지원하는 사람이 늘었단다.

그 이유는 대한민국 공무원은 요람부터는 아니지만 무덤에 들어가는 순간까지 국가가 신분과 경제적 생활을 보장하기 때문이다. 그리고 예전과 견주면 사기업과 비교해 연봉(각종 수당 포함)에 그리 큰 차이도 없다. 그들이 가입하는 특수직 연금은 퇴직 후에도 현역 때와 비교해 소득대체율이 70%에 이르는 연금을 죽을 때까지 받는다. 앞으로 공무원 연금이 어떻게 개혁될지는 두고 보아야 하겠지만 말이다. 일반인이 가입하는 국민연금과 달리 특수직 연금은 연금이 고갈되어도 국가가 연금 지급을 보증해준다. 공무원 신분보장법에 따라 큰 비리를 저지르지 않으면 잘릴 염려도 없다.

특수직 종사자들이 평균적으로 노후 준비에 대한 걱정을 덜 하는 이유는 많든 적든 지속적인 소득이 퇴직 때까지 보장되고 연금이 안정적으로 지급되기 때문이다. 이러니 9급 공무원이 되려는 꿈(?)을 이루려고 대학 졸업 후에도 노량진 고시촌에서 10년 이상씩 젊음을 바치는 사람이 많은 것이다. 어떤 게 옳은지는 개인이 판단할 일이지만 적성에 맞지 않고 보람도 없는 곳에서 평생을 일한다는 것은 경제적 문제를 떠나 그리 행복한 선택은 아닌 것 같다.

자, 이제 무슨 일을 하든 성공하는 자금 관리를 위해서는 소득이 얼마건 간에 지속가능한 소득을 만들고 이를 유지하는 일이 중요하다는 것을 알았으면 한다. 종잣돈이 모여야 투자도 할 수 있다. 이렇게 하는 데 연결고리가 되는 것이 지속가능한 소득이다.

용기를 주기 위한 레토릭이 아니라, 오래 살다 보니 부자가 되는 첫 걸음에서 소득의 많고 적음은 중요한 게 아니라는 사실을 알게 되었다.

사업도 마찬가지다. 무슨 사업을 하든 매일 매일 현금입출금 일지를 정확하게 관리하고, 이를 월 단위로 재무 분석을 통해 고정비 지출을 조절해 흑자 상태를 유지해야 한다. 당연한 말이지만, 이렇게 해야 영업 손실을 빚으로 막는 악순환 고리를 끊을 수 있다. 사업도 결국 자금 관리에 따라 그 성패가 결정된다는 것을, 창업을 꿈꾸는 사람은 반드시 기억해야 한다.

나는 사회생활을 하면서 의욕적으로 사업에 나섰다가 자금 관리에 실패하면서 좌절하는 청년 사업가들을 많이 보아왔다. 자금 관리를 하다 보면 도덕적 해이에 빠져 불법을 저지르기도 한다. 그 방법은 많다. 자신의 사업과 연관된 사업체와 공모해 각각 허위 매출을 발생시키고, 이를 통해 발행하는 융통어음을 진성어음으로 세탁한 뒤, 이것을 은행에서 할인해 사업자금을 조달한다거나, 재무제표를 조작하여 저리의 무역금융이나 지급보증서를 발급받는 행위 등이 그런 경우다. 그러나 이런 행위는 사업만 망하게 하는 게 아니라 결국 경제사범이 되어 다시는 재기를 꿈꾸지도 못하게 만들어버린다. 이런 일이 사업현장에서는 일상적으로 일어난다. 원칙 있는 자금관리가 그래서 중요하다.

소비를 위한
주머니를 따로 찬다

우리가 대단히 잘못 생각하고 있는 게 하나 있다. "인간은 이성적이며 따라서 합리적으로 소비한다"는 생각이 그것이다. 하지만 생각해보라. 인간이 이성적이고 합리적인 존재라면 어떻게 자신의 소득 이상으로 무절제한 소비를 하고, 인면수심의 야만적인 범죄가 우리를 공포에 떨게 만들겠는가. 본능에 충실한 인간이 그나마 어느 정도 이성적이고 합리적인 판단을 하게 된 것은 학습의 효과이다.

나는 인간의 이성적인 힘을 믿고 싶다. 선한 인간은 미래를 계획하는 존재이며, 그 계획을 실천하는 존재다. 인간에게 목표는 일상의 즐거움을 기꺼이 포기하고 더 나은 삶을 희망하는 존재로 만들어준다. 이게 없다면 인간이 만들어가는 역사는 퇴행할 수밖에 없다.

　우리는 미래를 위해 인내하고 계획을 실천하는 이성적이고 합리적인 인간이 되기 위해 노력한다. 그런 측면에서 나는 모든 사람이 통 큰 소비를 하기를 바란다. 일상에서 자잘한 소비는 참아라. 그래야 통 큰 소비를 할 수 있다. 그렇다고 명품을 사라는 얘기는 아니다. 우리는 일상에서 허투루 하는 소비가 너무 많다. 우리가 마음만 먹으면 허투루 쓰는 돈은 얼마든지 절약할 수 있다. 내가 말하는 통 큰 소비는 이 돈들을 모아서 의미 있는 소비를 하자는 얘기다. 인간은 인내하며 저축한 돈을 자신을 위해서가 아니라, 타인을 위해 쓸 때 만족은 두 배가 커지는 존재다. 인간의 선함을 상징하는 증표가 이것이다.

　소비 주머니를 만들라는 얘기는 목표를 이루기 위한 도구로 이것이 반드시 필요하기 때문이다. 소비 주머니를 만드는 목적은 일상에서 허투루 나가는 돈을 모아 의미 있는 소비를 하자는 것이다. 소비 주머니에 모이는 돈은 커피 한잔 덜 마시고, 버스로 한두 정거장 거리는 걸어 다니면서 조금씩 만들어지는 돈이 모여 채워진다. 이런 소비 주머니의 돈이 헌신적으로 나를 키우신 부모님이 일상의 수고를 다 내려놓고 편히 쉬실 수 있도록 여행을 보내드리는 일, 우리 사회에서 정말 힘없고 누군가의 도움에 의지해야만 살아갈 수 있는 사람들을 돕는 일 등에 쓰인다면, 일상의 사소한 즐거움을 포기하는 대신 얻는 인생의 주머니는 얼마나 커지겠는가.

　세상은 선한 마음을 먹고 이를 실천하는 사람이 많아질수록 살 만해진다. 내가 그 행복을 전달하는 '해피 바이러스'가 되면 얼마나 좋은 일인가. 선하게 사는 사람이 축복받는다. 그런 사람은 무덤으로 향하는 발걸음도 가볍다. 경쟁과 속도가 판치는 세상에서 나를 위해서가 아니라, 누군가의 행복을 위한 마중물 역할을 하는 것만큼 우리 인생을 풍요롭게 하는 게 있겠는가.

여러분의 일상에서 해피 바이러스를 선물하는 소비 주머니가 커지기를 바란다. 남을 의식하지 않는 독립적인 소비를 한다면 이 소비 주머니는 얼마든지 커질 수 있다. 현재 여러분의 지출에서 가장 큰 비중을 차지하는 항목은 무엇인가? 아마 통신비일 것이다. 우리는 현재 갖고 있는 스마트폰의 기능을 다 활용하지도 못하면서 최신 기종이 나오면 이를 구매해야만 하는 얼리 어답터다. 왠지 최신 기종을 갖고 다니지 않으면 남에게 뒤처져 보이는 것 같다.

통신기기뿐만이 아니다. 우리는 남의 눈으로 나를 본다. 이것이 명품 소비로 이어진다. 돈의 가치는 남이 아니라 내가 부여해야 한다. 돈의 가치에 대해 정말 깊이 생각해야 할 때다.

소비 주머니를 위한 통장은 주거래 은행 통장과는 별도로 만들어라. 개인적으로 추천한다면 동네 마을금고에 가서 통장을 만들었으면 한다. 왜냐하면 마을금고 예·적금은 아직도 3000만 원까지 비과세 혜택을 주는 장점이 있고, 소액의 수시 입출금 예금도 비과세 혜택을 받을 수 있기 때문이다.

인간의 감성은 변덕스러워서 무한한 자유가 주어지면 오히려 불안하고, 일상의 일을 강제하고 통제하면 그 질서에 익숙해져 오히려 편안함을 느끼기도 한다. 소비 주머니를 따로 만들라는 것도 이것을 강제하고 습관화해두면, 보다 쉽게 실천으로 이어지기 때문이다.

　과학적으로 소비를 줄이는 방법은 일반 기업의 회계처리 방식처럼 다음 달 지출 범위를 확정한 뒤, 이 범위 내에서 지출하고, 만약 지출이 예산을 초과하는 경우에는 다음 달로 지출을 이월시켜 흑자 가계를 유지하는 것이다. 그리고 지출 후 남은 금액도 마찬가지로 다음 달로 이월시키는 것을 원칙으로 하고, 이를 6개월이나 1년 단위로 통합 관리하는 습관을 길러라. 세상일이 다 그렇치만 시작은 미약할지 몰라도 그 끝은 항상 위대한 결과물을 낳는다.

자신이 세운
목표를 실행한다

　우리 삶은 항상 일직선일 수가 없다. 항상 내가 원하는 대로 인생이 진행되지 않는다. 인생을 살다보면 고비마다 급브레이크를 걸어야만 겨우 통과할 수 있는 길을 만나는 일이 다반사다. 길을 막고 있는 장애물을 치우느라 많은 시간을 길에서 허비할 수도 있다. 때로는 길이 막혀 우회할 수밖에 없는 경우도 생긴다.

　속도와 경쟁에 치이다 보면 조금만 뒤처져도 불안해 하고 심한 스트레스를 받으며 살 수밖에 없다. 하지만 인생의 길을 굽이굽이 살아온 나이 든 사람의 시각에서는 오히려 한 순간 한 순간 쉴 때가 도약할 수 있는 기회다. 인생은 42.195km의 마라톤 경기가 아니다. 그보다 백 배 수천 배 더 기나긴 여정이다. 성공에 순서가 있는 것도 아니고, 성공했다고 해서 무덤으로 들어가는 시간이 늦춰지지도 않는다. 이른바 스펙에 뒤져 대기업에 못 들어갈 수도 있다. 그러나 이는 길고 긴 인생 여정에서는 한 순간이고, 도약을 위한 좋은 기회일 수도 있다.

나에게 주어진 시간을 남의 시간에 맞추는 어리석음을 범하지 마라. 나만의 인생 스케줄에 시간을 맞춰라. 인생에서 위기는 여러 차례 찾아온다. 위기라는 말은 위험과 기회를 동시에 품고 있다. 위기를 두려워하지 말고 기회를 놓치지 않는 사람이 되기를 바란다.

위기는 항상 찾아온다. 위기가 꼭 자신의 문제 탓에 발생하는 것은 아니다. 금융시장에서의 금융위기로 자금시장이 경색되어 금리가 폭등하고 주식 값이 똥값이 되는 사례는 비일비재하다. 이때 위기가 두려워 투매에 나서면 그 손해를 복구하기까지 많은 시간과 고통이 뒤따른다. 그러나 위기를 기회로 삼아 적극적으로 대응하는 사람에게는 소위 블루칩을 헐값에 사는 기회가 찾아온다. 문제는 이때 자신의 여유자금으로 투자한 사람과 빚을 내서 투자한 사람 사이에 명암이 갈린다는 점이다.

빚을 내서 투자한 사람은 손에 쥐고 있는 종목이 시간은 걸리더라도 반드시 반등하리란 것을 알아도 손절매(손해를 감수하고 가지고 있는 주식을 매입 가격 이하로 파는 일)를 할 수밖에 없다. 그러나 여유자금으로 투자한 사람은 금융위기가 걷히고 주가가 다시 반등하면 그 과실을 지킬 수 있다.

서브 프라임 모기지론의 파산 사태로 야기된 금융위기가 발생한 후 얼마 지나지 않아 주부들을 대상으로 강의를 한 적이 있다. 강의를 시작하자마자 강의는 뒷전이고 주부들의 질문이 쏟아졌다. 그도 그럴 것이 금융위기가 닥치면서 주가가 급락했으니 당시 상황이 주부들로서는 얼마나 두려웠겠는가.

그때 내가 한 얘기는 이렇다. "만약 여러분이 갖고 있는 종목이 내수 관련 기업으로 시장에서 독점적 지배력이 확실한 기업이거나 환율 하락으로 오히려 세계시장에서 가격경쟁력이 강화된 글로벌 기업이라면 꾹 참고 1년만 기다려라. 그리고 이미 주가가 떨어질 대로 떨어진 이런 종목들을 추가 매입한다면 여러분은 평생 경험하지 못할 수도 있는 대박을 치게 될 것이다. 또한 거의 똥값 수준으로 떨어진 우량 회사채에 투자해 포트폴리오를 확장한다면 그 수익률은 더 높아질 것이다." 결과는 여러분이 알고 있는 그대로다.

내가 이렇게 단정적으로 예측할 수 있었던 것은 이미 그 전에 유사한 사례가 있었기 때문이다. 외환위기로 발생한 소위 IMF 금융위기 당시도 시장 흐름에 쫄지 않고, 떨어질 대로 떨어진 우량기업 발행 주식과 채권을 헐값에 산 사람들은 다들 큰돈을 벌었다. 인간의 탐욕이 지배하는 투자시장에서는 반드시 거품이 발생하고, 그 거품이 꺼지는 과정에서 금융위기는 반복적으로 일어난다. 금융위기는 경제 기반이 무너져서 발생하는 것이 아니다. 금융시장의 지나친 유동성 확대에 의한 것으로, 일정 시간이 지나면 회복되는 것이 상례다.

문제는 이 시기에 과도한 레버리지로 투자한 사람들이다. 이들은 시간이 지나면 자신들이 쥐고 있는 블루칩의 주가 특성상 전 고점을 회복하고 신 고가를 다시 써나갈 것을 알면서도 손절매를 할 수밖에 없다. 단기적인 급락 장에서는 빠른 손절매가 깡통계좌가 되는 것을 막는 수단이 되기 때문이다. 그러나 자신의 여유자금 내에서 투자한 사람은 이 시기를 오히려 즐길 수 있다. 투자의 세계 역시 시간을 지배하는 사람이 성공하는 법이다.

실제로 지금처럼 주가 양극화가 하나의 패러다임으로 정착한 시장구도 아래에서는 과거에 비해 종목을 선택하기가 쉽다. 문제는 주가 변동에 일희일비하지 않고 장기적으로 투자할 수 있는가 하는 것이다. 이것에 따라 승패가 갈린다.

우리는 모든 문제에 대해 타인의 관점에서 생각하고 군중심리에 동조한다. 그러나 군중과 반대되는 시각에서 방향을 정할 때 성공이라는 단어는 현실화된다.

물적 토대는 한 인간의 영혼을 구속하기도 하고 자유롭게 하기도 한다. 타인에게 나의 물적 토대가 종속되면 그 타인들에 의해 우리는 영혼 없는 인생을 살아야 한다. 사회적으로 갑과 을의 문제가 이처럼 심각한 대립각을 세운 적은 일찍이 없었다. 그런데 자본을 대리하여 갑의 횡포에 앞장서는 이들이 누구던가. 물적 토대를 자본에 의존하는 가여운 월급쟁이들이다.

경제적으로 자유로워져라. 이것이 행복한 인생을 사는 길이다. 인생을 자유롭고 행복하게 살기위해서라도 목표를 세웠다면 흔들림없이 목표를 실행하라.

1년을 놀면 2년치
돈이 사라진다

　연봉 많이 주고 상대적으로 안정된 대기업이나 금융회사에 취직하려고 스펙을 쌓고, 철밥통 직업인 공무원이 되려고 사회 진출을 미룬 채 오늘도 도서관에서 시간을 보내는 청년들에게 "그거 아니다"라고 말할 수 있는 사람은 아무도 없다. 그만큼 우리가 사는 세상은 매우 불안정하고, 국가는 우리의 기초적 경제생활도 보호하지 못하고 있다.
　스펙이 다소 모자라 원치 않는 중소기업에서 먼저 사회생활을 시작하더라도, 이것은 기회비용 측면에서 볼 때 스펙을 더 쌓느라 1년이나 2년을 기다린 뒤 대기업이나 금융회사에 들어가는 것 이상으로 경제적 가치가 있다. 중소기업에서 1년을 알차게 보내면 토익 점수 100점 더 받는 것 이상의 살아 있는 지식과 많은 경험자본을 쌓게 된다.

　대기업은 조직이 매우 방대해 미로 같은 업무영역 안에서 자신의 존재감조차 찾기 어렵다. 그러나 중소기업은 조직이 작아서 자신의 직능 분야 이외에도 큰 틀에서 조직의 움직임을 볼 수 있다. 어찌 보면 업력이라는 측면에서는 더 큰 미션을 수행할 수 있는 힘을 키울 수 있다. 이렇게 1년, 2년 경험을 쌓아나가다 보면 자신감에 힘이 붙게 되고 사회생활에 대한 막연한 두려움도 사라지게 된다. 무엇보다 대기업이 상대적으로 안정적이라는 생각은 착각이다. 무한경쟁의 첨병 역할을 하는 대기업 조직에서 나의 위치는 내 능력과 관계없이 그들의 경영전략에 따라 언제든 사라질 수 있다.

　청년세대에게는 세상의 모든 길이 낯설다. 누구에게나 처음 가는 길은 두렵다. 용기가 나지 않는다. 적당히 타협하고 안주하고 싶다. 그러나 그 길을 이미 통과해본 경험이 있는 사람은 두려움이 없다. 오히려 그때 내가 왜 현실에 안주해 어리석은 선택을 했는지 후회하는 경우가 많다.

　지천명에 이른 나이에 세상을 보는 눈은 절대 한 사람의 주관이 아니다. 그 주관은 경험과 통계치를 바탕으로 하는 것으로, 보편적으로 받아들일 수 있는 '객관'의 힘을 갖고 있다. 내 주변의 친구나 동기들은 경험과 경력, 직업 등에서 매우 다양한 스펙트럼을 가지고 있다. 그들의 인생사를 평가할 자격이 내게는 없다. 나는 안정된 직장을 일찍이 포기하고 상대적으로 험한 인생을 살았다. 그러나 안정된 직장을 포기할 수 있었기에 내가 갖고 있던 잠재적 재능을 이끌어낼 수 있었고 다양한 일을 할 수 있었다.

내 선택이 훌륭하다고 말하는 것은 아니다. 세상에는 빛이 있으면 그늘 또한 존재하는 법이다. 내 인생에도 짙은 그늘이 어김없이 찾아 왔고, 그로 인해 고통 받는 일이 많았다. 그러나 대신에 나는 내가 그 누구에게도 경제적으로 구속받지 않았고 내 인생의 주체로 살아왔다는 것에 만족한다.

하지만 어떤 선택을 하든 안정적인 소득은 필요하다. 안정적인 소득이 없으면 개의 꼬리가 몸통을 흔드는 "왝 더 독" 현상이 발생한다. 두려움 없이 내가 하고 싶은 일을 선택했지만 경제적인 능력이 부족한 탓에, 하고 싶은 일을 제대로 못하는 경우가 여기에 해당된다.

내 말에 모순이 있다는 것을 잘 알고 있다. 그럼에도 무슨 일을 하든 최소한의 먹고사는 문제는 스스로 해결해야 한다. "7번방의 선물"이라는 영화 등을 통해 지금이야 국내에서 가장 잘나가는 배우로 완전히 자리를 굳힌 배우 류승용도 정상에 서기까지 험한 일 가리지 않고 틈만 나면 알바를 쉬지 않고 했다고 들었다. 그렇게 해서 최소한의 경제생활을 할 수 있었기에 배우의 꿈을 놓치지 않을 수 있었던 게 아닐까.

재테크의 기본은 금액에 상관없이 지속가능한 소득이 있어야 한다는 점이다. 이것이 안 되면 자금 관리의 토대가 처음부터 삐걱거린다. 소득이 한 달 끊기면 수입은 제로가 되지만 나가는 지출은 그대로다. 소득이 없으면 지출도 줄이면 된다고들 한다. 그러나 여기엔 한계가 있다. 따라서 1년을 놀면 소득만 사라지는 게 아니라 지출은 그대로 나가야 되기 때문에 결국 2년치 소득이 사라지는 것을 의미한다.

여러분이 인생의 여러 갈래 길에서 어떤 선택을 하든, 그것은 전적으로 개인의 몫이라고 생각한다. 그러나 그 선택이 안정성을 담보하려면 지속적인 소득을 만들어내야 하고 그 시간은 앞당길수록 유리하다.

45만 명에 이르는 노량진 공시족 가운데 '열공하는' 사람은 열 중에 셋이라고 한다. 나머지는 공시족 타이틀을 방패막이 삼아 허송세월한다고 한다. 노량진 기숙학원의 1년간 비용(교재비 포함, 용돈은 별도)이 1800만 원이나 된다고 한다. 기회비용을 합치면 결코 적은 돈이 아니다. 공무원이 된다고 해도 생각보다는 박봉이다. 그리고 공무원이 안정된 직업이라고는 하지만 말단 공무원이 하는 일은 매년 똑같은 일이 되풀이되는 탓에 단조롭다.

누군가가 말했다. 세계는 넓고 할 일은 많다고. 나는 이 말이 여전히 유효하다고 생각한다. 자신의 미래를 스스로 좁은 프레임에 가둬놓고, 자신의 재능을 마음껏 발휘하지 못한 채 세상을 뜨는 인생은, 그것이 아무리 안정성을 담보한다고 해도 너무 억울하지 않은가. 이런 말조차 경제 확장기 시대를 살아온 탓에 요즘 세상을 모르는 꼰대들의 시각이라고 폄하한다면 할 말은 없다. 그러나 사회생활 입문 초기부터 자신의 가능성을 확정짓는 일에 미래를 거는 것은 다시 한 번 생각해볼 일이다.

우리가 열심히 일하고 부단히 자기개발을 해도 경제적 상황이 나아지지 않는다면, 이는 개인 문제가 아니라 우리 사회의 시스템 문제다. 그러나 우리는 노력해보기도 전에 상황논리를 앞세우고 자신을 합리화시키는 경향이 있다. 사회 시스템에서 오는 문제는 함께 연대해 풀어야 하지만 도전을 해보기도 전에 엄살부터 부리는 것은 반성해야 한다.

약점 잡히는
금융거래는 하지 않는다

　한 개인의 경제적 수준은 눈에 보이는 돈으로만 평가되는 것이 아니다. 특히 앞으로 계속 성장해야 하는 청년세대에게는 돈 이상으로 중요한 자산이 인적 네트워크와 금융권의 신용등급이다. 금융권 전산망이 완전히 통합된 시대에는 사소한 연체 사실 하나만 있어도 신용등급이 강등된다.

　현재의 금융권 신용등급은 소고기 등급 매기는 것처럼 조금의 하자라도 있으면 바로 등급을 낮춘다. 비정하다. 개인의 신용등급은 금융회사가 자의적으로 판단한다. 그들은 그들이 이익이 되는 한에서 신용등급을 평가한다. 금융시장의 주체인 소비자가 개입할 여지가 없다. 그래서 현재의 금융회사를 폭력만 휘두르지 않을 뿐이지 조폭과 비슷하다고 해도 이를 부정할 사람은 별로 없을 것이다.

청년세대는 아직 내세울 경험도 돈도 없다. 당장 창업을 결심했다고 해도 돈을 구할 길이 없으면, 사업을 하고 싶어도 못한다. 꿈만으로 세상을 살 수 있는 건 아니다. 물적 토대가 뒷받침돼야 한다. 이때 그나마 비빌 언덕이 돼주는 것이 개인 신용으로 대출을 받는 방법이다.

꼭 창업자금이 아니더라도, 높은 대출금리로 자금을 조달하는 것은 청년세대의 자금 관리에서 치명적인 독이다. 사회생활 초기부터 금융권 거래를 철저히 하는 것을 습관화하기 바란다. 한번 신용에 문제가 발생하면 복구하기가 어렵다. 금융권 신용등급이 사회생활을 해나가는 데 있어서 돈보다 더 중요하다는 인식을 확고히 해두어야 한다.

개인이 어떻게 살아왔는지를 언젠가는 꼭 평가받게 되는 게 인생이다. 우리가 만나는 사람이 비록 한 번의 만남으로 끝나는 사람일지라도, 내 인생에서는 처음이자 마지막으로 만나는 사람이다. 이해타산을 따지기 전에 나와 인연을 맺은 사람은 그 사람의 지위가 어떻든 소중하게 대해야 한다.

앞으로 여러분은 성장하면서 혼자 힘으로 해결할 수 없는 무수히 많은 문제를 만나게 된다. 다니던 회사를 그만두고 전직을 고민할 수도 있고, 업무적으로 꼭 해결해야 함에도 자기 능력으로는 해결하기 어려운 일을 만날 수도 있다. 이런 문제들은 인터넷 지식 검색으로 해결할 수 있는 성질의 것이 아니다.

직장을 옮길 경우 새로 옮기고자 하는 회사의 인사팀에서는 전

직장의 회사 동료와 상급자의 평가를 채용의 중요한 기준으로 삼는다. 헤드헌팅 회사에서 가장 중요하게 평가하는 것도 전 직장에서 같이 근무한 동료들의 평가다. 이런 평가는 사회생활 내내 피해갈 수 없다. 이 평가 자료가 여러분의 입사를 결정하고, 연봉 액수를 결정하기도 한다. 특정 목적을 가지고 사람을 대하는 것에는 비인간적인 면이 있다. 그러나 선의의 마음으로 동료를 대하고 거래처 사람과 교류하다 보면 이것이 쌓여 여러분의 성장을 돕는 거름과 같은 역할을 한다.

환경이 어렵다고 해서 얕은 생각으로 돈 몇 푼에 자신의 영혼을 파는 행동을 하지 말기 바란다. 환경이 아무리 어렵더라도 정도를 걸어야 한다. 청년세대에게 조롱의 대상이 되어버린 고위 관료, 정치인, 법조인들이 왜 그 모양이 되었겠는가. 바로 정의를 세워야 할 20대부터 자신에게 이익이 되는 한, 반칙과 편법을 쓰는 것에 아무런 도덕적 책임감 없이 살아왔기 때문이다. 그렇게 살지 않아도 얼마든지 행복하게 살 수 있는 게 세상이다. 당신들의 부모가 그렇게 살았다. 또 그렇게 살아야만 세상을 희망적으로 만들어갈 수 있다.

다시 강조하지만 돈 없이도 사업을 시작할 수는 있다. 그러나 그 전제조건은 신용에 하자가 없어야 한다는 것이다. 신용에 문제가 없고 사업내용이 건전하고 사업에 참여하는 사람의 면면이 우수하다면 보증기금, 지자체, 중소기업청 등에서 얼마든지 창업자금을 지원받을 수 있다. 그러나 이 전제조건이 미흡할 경우에는 스스로 돈을 많이 가지고 있거나 담보물이 없으면 사업자금을 조달할 방법이 없다. 사업은 시작부터 경쟁이다. 남보다 가능한 한 더 낮은 비용으로 자금을 조달하는 것이 그래서 중요하다.

    금융 통합 전산망이 거의 완벽한 수준으로 구축된 금융 시스템 아래에서 개인의 신용은 돈이나 다름없다. 소득을 관리하고 늘리는 일과 병행하여 신용도 빈틈없이 관리해야 한다. 더구나 개인의 신용관리가 단지 금융거래의 편의만을 위한 것이라고 여기는 것은 얕은 생각이다. 금융거래를 떠나 삶의 한 단계 도약을 이루기 위해서라도 직장 동료, 동창들과의 관계 등 모든 인간관계에서 신뢰를 주는 사람이 되어야 한다.

버는 돈의 절반은
저축한다는 생각으로 산다

청년 근로자의 절반 이상이 비정규직인 현실에서 버는 돈의 절반을 무조건 저축하라고 말하는 것은 현실을 무시한 말이라는 것쯤은 나도 잘 알고 있다.

고향을 떠나 타지에서 일하는 사람은 주거비용으로 관리비, 월세를 포함해 50만원(주거공간의 질에 따라 가격의 폭이 크다는 것을 감안한 평균치) 이상이 들고, 여기에 통신비, 교통비, 식료품비까지 합하면 먹고 쓰고 자는 데에만 한 달 생활비로 100만원이 훌쩍 넘어간다. 물론 이 수치는 독신의 경우를 말하는 것이다. 보통 결혼한 30대 3인 가족의 한 달 생활비는 이 돈 갖고는 어림도 없다. 맞벌이라 해도 아이를 전일로 육아시설에 맡기고, 아이를 교육시키는 데 들어가는 돈은 거의 한 사람이 밖에서 일해서 벌어오는 돈에 육박한다.

금융권 신입사원 연봉이 4000만 원을 넘고 5년 차쯤 되면 평균 5000만~6000만 원이 넘는다고 한다. 금융권이나 대기업에 다니지 않고서 이 정도 연봉을 받는 30대가 얼마나 되겠는가? 비정규직 근로자의 경우는 특근을 해도 그 절반을 받기도 어렵다. 이런 연봉을 받아 세금을 공제하고 나면 매월 200만 원 이상 받기도 어렵다. 최저임금 수준의 대우를 받는 파트타임 근로자나 일용직 근로자에게는 이마저도 과분하다. 현재 우리나라 청년 근로자의 평균 임금수준은 이처럼 매우 열악하다. 그래서 사회적으로 30대의 자금 관리는 직업, 직능에 따라 차별받지 않는 임금의 정의를 바로세우는 일이 먼저라고 말하는 것이다.

지금 우리 사회의 열악한 임금구조는 청년세대의 재테크에서 가장 큰 장애 요인이다. 현실이 이러하니, 그래도 이런 열악한 구조 하에서도 참고 일하라고 말하는 것은 이런 덫을 만들어놓은 장본인인 기성세대가 할 말은 아닌 줄 잘 안다. 하지만 임금의 정의는 누구 하나가 외쳐서 해결될 문제가 아니다. 우리 모두가 공동체 의식을 갖고 연대하고 참여할 때 해결할 수 있는 문제다. 우리가 연대하고 행동하면 충분히 가능한 일이다.

재테크를 얘기하면서 정치사회적 문제를 자주 언급하는 것은 우리 경제생활의 상당부분이 정치사회적 문제에 영향을 받기 때문이다.

우리나라 부자들 대부분은 자수성가형이다. 이들에게 당신은 어떻게 부자가 되었느냐고 물어보면, 많은 사람이 소득이 많건 적건 버는 돈의 절반을 저축하는 것을 습관화했다고 말한다. 매월 소득

수준과 관계없이 지속적으로 저축을 했다는 것은 단순히 돈 문제에서 끝나는 게 아니라, 거래하는 금융회사의 신용도 높아졌다는 것을 의미한다. 월급쟁이에게는 신용대출 한도를 높임은 물론 대출금리를 낮출 수 있게 해준다.

저축을 하다 보면 반드시 만기 이전에 돈 쓸 일이 생긴다. 이런 처지가 되면 대개 저축통장을 해약한다. 저축통장의 경우 중도에 해지할 경우 비과세 혜택이 사라지고, 또 중도 해지에는 벌칙 조항이 많다. 따라서 손해가 크다. 이런 경우 저축통장을 해약하지 말고, 적금 담보 대출로 필요자금을 조달하고 적금은 계속 불입하는 것이 유리하다. 아니면 적금 만기일을 달리해 금액을 쪼개 가입해서 적금 만기 이전에 돈이 필요한 경우 상대적으로 만기일이 가까운 통장을 먼저 해약하고, 다른 적금은 만기까지 유지하는 게 좋다. 그래야 적금 해약으로 발생하는 손실을 줄일 수 있다.

현실적으로 많은 문제가 있음을 잘 알고 있다. 그럼에도 100원을 벌면 50원을 저축한다는 마음으로 살아라. 그래야 우리 가슴에 희망이라는 단어를 품고 살 수가 있다.

최근 은행권의 예금, 적금 금리가 낮아지면서 저축 무용론이 대두되고 있다. 그러나 저축은 그 자체로, 본격적인 자금 관리를 하기 위한 종잣돈을 만드는 징검다리 역할을 하는 것만으로도 의미가 있다.

정부의 정책을 믿지 않는다

　민간 부분이 급성장했다고 해도 정부는 여전히 시장의 강력한 권력자다. 국내 기관투자자들 중에서 가장 큰 손은 국민연금을 관리하는 정부다. 그리고 정부의 금리정책과 환율정책이 우리가 보유한 자산의 가치를 올리기도 하고 내리기도 한다.
　현재의 저금리 흐름은 단순하지 않다. 달러화, 엔화의 양적완화에 이어 유로화의 양적완화 등 세계 전체가 경기불황을 타개하기 위해서 자국 통화의 가치를 낮추고, 중앙은행의 기준금리를 낮추는 것이 일상화되어 있다. 자본의 이동이 자유로운 시대에 우리나라만 이런 흐름에서 예외가 될 수는 없다.
　또 한 가지 지금의 저금리 흐름을 쉽게 개선하기 어려운 것은, 내수경기의 불황이 미치는 영향도 크지만 늘어나는 복지비용이 미치는 영향도 크다. 정부가 복지비용을 늘리기 위해 증세를 한다면 서민들의 조세 저항이 정치적인 부담이 될 것이다. 그래서 아주 얕은 수를 써서 서민가계에 부담을 주는 직접 증세와 다를 바 없는 간접세 증세로 정치적 부담을 줄이려 하고 있다. 법인세를 올리면 쉽게 해결할 수 있는 문제를 말이다. 증세가 어려우면 결국 국채 발행을 늘려 부족한 복지비용을 충당해야 한다.

정부가 국채 발행으로 재정적자를 줄이는 방법은 국채 발행 금리를 낮추는 것이다. 우리가 보통 시장 실세금리라고 하는 것의 기준이 바로 정부가 발행하는 국고채 3년물이다. 시장금리는 기준금리와 함께 소매 금융회사(은행권, 보험사 등)가 판매하는 금융상품의 금리 가이드 역할을 한다. 은행 상품, 저축성 보험 같은 소매 금융회사가 판매하는 금융상품은 시장 실세금리(국고 채 3년물 기준)를 넘는 금리 이상을 받기가 어렵다.

이런 저금리 시대를 가리켜 금리 비피(1bp=0.01%) 시대라고 한다. 금리 비피 시대라는 말은 1bp, 곧 0.01%의 차이에도 거래 금융회사를 바꾼다는 얘기다. 이것은 그만큼 현재 금리 절벽 문제가 심각하다는 것을 반증한다.

금리 0.01%의 차이에도 거래 금융회사를 바꾼다는 이 혹독한 저금리 시대에 서민들은 고통 받고 있는 와중에 대기업들은 저금리로 인한 혜택을 톡톡히 보고 있다. 왜냐하면 금융시장에서 은행 돈을 가장 많이 빌려 쓰고 있는 곳이 바로 대기업이기 때문이다. 친기업 정서가 아마 지금의 저금리 흐름에도 분명히 영향을 미쳤을 것이다.

친 기업 정책을 주장하는 사람들의 논리는 대기업을 집중적으로 밀어주면 그들이 흘려주는 떡고물로 고용도 늘고, 경제도 성장한다는 것이다. 그러나 친 기업 정책으로 기업은 성장했는지 몰라도 고용은 늘어나지 않았으며 부의 양극화만 심해졌다. 결국 대기업의 성장은 국민의 소득 재분배를 더욱 악화시켜 사회안전망만 위협하는 결과를 초래했다.

박근혜 정부는 집권 초기에 이전 정부의 친 재벌 정책을 반면교사로 삼아 벤처기업과 중소기업을 중심으로 하는 경제 활성화 정책을 들고 나왔지만 도로 친 재벌정책으로 일관해 오고 있다. 처음에 박 근혜 정부에 기대를 품었던 것은, 진영 논리에 빠져서 사회적 약자를 위해 아무런 기여도 못하는 기형적인 한국의 좌파보다는 시혜적 수준일지라도 기층민의 경제적 문제를 조금이라도 더 잘 개선하리라는 믿음이 있었기 때문이다.

역사적으로 독재정권이 사회보장을 들고 나온 것은 정권의 안위를 위해서였다. 하지만 그렇다 하더라도 안 하는 것보다는 낫다. 실제 사회보장법의 시초라는 근로자 재해보장법이 최초로 시행됐던 것도 19세기 말 독일의 독재정부 비스마르크 시대였다. 우리나라도 건강보험의 시초라는 근로자 재해보험이 생겨난 시기는 공교롭게도 유신독재가 막바지에 이르렀던 1977년이었다.

현재의 경제관료들은 낙수효과의 신봉자들이다. 그들은 대기업이 성장해야 일자리가 늘고, 그들이 흘려주는 떡고물로 국민소득도 높아진다고 믿는 자들이다. 낙수효과는 이명박 정권 시절에 효과는 없고, 대기업만 살찌우는 정책이라는 맹비난을 받았다. 그럼에도 현 정부 들어와서도 이를 반면교사로 삼지 않고 다시 대기업에 의

존하는 정책을 쓰는 것은, 지금의 경제관료들 역시 이명박 정부의 경제관료들과 마찬가지로 친기업 인사들로 구성되었기 때문이다.

실제로 과도한 법인세 감면 혜택을 줄일 생각은 안 하고 서민들의 가처분소득과 밀접한 관계가 있는 비과세 상품의 전면 축소, 국고채 금리의 저금리화를 획책하는 것이 현재의 정부다. 증세 없이 복지예산을 확보하겠다면서, 대기업에 대한 특혜는 그대로 둔 채 월급쟁이를 비롯한 서민들의 비과세 감면을 줄여 복지예산을 충당하겠다는 것이 현 정부의 입장이다.

결론적으로 말하면, 현 정부의 경제운용 정책은 한마디로 이명박 정권의 판박이다. 이로 인해 약탈적인 금융회사의 수익성 경영은 더 심해지고, 주식시장에서도 소수 대기업이 시가 총액을 독점하는 경향은 더 깊어진다. 또 고환율, 저금리 기조는 계속될 것이고 경기부양을 위해 부동산 규제 완화 정책을 쓰고 있다. 전세가격 급등, 안심대출 전환 등으로 인해 부동산 시장이 들썩이는 것도 이런 정책의 연장선에서 생각해볼 수 있는 문제다.

시장에서 정부의 인위적 시장 개입으로 가격이 조작되어 생기는 버블은 항상 끝이 안 좋다. 정부는 경제정책을 주도하고 국내 최대 연기금인 국민연금을 운용하는 주체다. 시장에서 정부는 여전히 강력한 권력자이고 기업의 주가를 쥐락펴락하는 큰손이다. 우리가 정부의 정책 방향을 주목해야 하는 것은, 이것이 우리의 자금 관리에 큰 방향을 제시하기 때문이다. 우리가 여유자금으로 가처분소득을 늘리는 데에도 금리는 매우 민감한 영향을 미친다. 금리의 향방에 따라서 확정금리 상품의 수익률이 크게 요동칠 수 있기 때문이다.

불행히도 현 정부의 경제운용 정책을 볼 때 앞으로도 정부가 시장에 적극적으로 개입해서라도 저금리 기조를 유지할 것이 거의 확실하다.

한국은행 기준금리가 인상 요인이 많음에도 오히려 계속 떨어지는 것만 봐도 정부의 정책운용 방향을 읽어낼 수 있다. 현재의 저금리는 그간의 금리 사이클 궤도를 한참이나 이탈한 것이다. 그래서 그동안 서민과 월급쟁이들이 목돈을 만들고 늘리는 데 효자 역할을 해왔던 확정금리 상품의 수익률이 뚝 떨어진 것이다. 이는 이제 새삼스러울 것도 없는 문제다.

늦었지만 지금이라도 저금리에 대응하는 대체상품을 찾아 나서라.

재테크에도 휴민트가 중요하다

우리가 세상을 배우는 방법에는 두 가지가 있다. 첫 번째는 책을 통해 배우는 방법이다. 두 번째는 사람으로부터 배우는 방법이다. 30대는 사회생활을 막 시작하는 시기다. 그동안은 사람의 생생한 경험을 기초로 하는 배움보다는 아무래도 책을 통한 배움에 의존해 왔다. 그러나 이는 한계가 너무 명확하다. 특히 금융은 살아 있는 생물이다. 학교에서 배운 내용은 현재 시장 흐름을 반영하지 못하는 흘러간 레퍼토리에 불과하다.

과거에 내가 일하던 법인 영업부에는 다양한 전공자들이 있었다. 금융회사의 법인 영업부는 기업금융을 다루는 곳인 만큼 당연히 경상 계열 출신자들이 직무에 유리하다. 적어도 나처럼 회계학을 전공한 사람들은 누가 가르쳐주지 않아도 기업의 경영현황을 실시간으로 파악하는 현금 흐름표, 대차대조표 등의 주요 재무제표를 분석하는 능력을 기본적으로 갖고 있다. 이런 능력이 있는 덕분에 아무래도 비전공자들에 비해 유리한 위치에서 영업을 할 수 있다. 그러나 6개월, 1년 후의 개인 실적을 평가해보면 별 차이가 없어진다.

왜냐하면 전공지식이 있더라도 누구나 실무에 들어가면 재교육을 받아야 하고, 영업은 전공지식보다는 인간관계에서의 협력과 거래처와의 협업이 업무 결과로 이어지기 마련이기 때문이다. 따라서 비전공자와 전공자 간의 우열을 따지는 것은 의미가 없다. 물론 고도의 수학이 필요한 공학 분야는 얘기가 다르겠지만 말이다.

기업을 평가하는 데 필요한 실무지식은 직장 선배들에게 속성으로 한 달만 배우면 익힐 수 있다. 비전공자도 업무를 몰라서 일을 못하는 경우는 없다. 그러나 영업 현장에서 직책, 거래처 담당자를 상대하는 법, 업종 등에 따라 차이가 나는 업무 스킬 등의 실무능력은 회사 경험 없이는 쌓을 수 없다. 이를 제대로 가르쳐주는 멘토가 바로 직장 선배다. 사회경험에서 우러나오는 경험자본은 절대 학교에서는 가르쳐주지 않는다. 사회생활에 필요한 지식은 이미 답이 나와 있는 미적분 문제를 푸는 것이 아니다.

나는 대학에서 학점 4.0과 3.0의 차이는 실무경력을 한 달만 쌓아도 메워진다고 생각한다. 사회에 나와 보면 우리가 그 많은 시간을 별 효용도 없는 공부를 하는 데 헛되이 보냈다는 생각을 하지 않을 수 없다. 사실 학교에서 배우는 교양과목이나 선택과목들은 만인이 정보를 생산하고 소비하는 웹 2.0 시대에는 한 개인의 블로그에 담긴 지식보다 그 총량과 깊이에서 떨어진다. 위키 백과만 해도 실시간으로 경제 변화를 바로 반영하고 있어, 박제된 지식을 반복해서 가르치는 대학 강의의 수준을 능가한다.

세상의 지식과 정보가 교회와 대학을 중심으로 폐쇄적으로 유통되던 중세에는 도제식 대학교육이 지식 전달의 유일한 통로였다. 지금은 아니다. 지금의 대학은 대학 간 서열을 구분 짓고 인간 등급을 정하는 도구에 불과하다. 나는 지금의 대학교육에 과연 4년이나 배울 게 있는가에 대해 회의감을 갖고 있다. 현재의 대학교육은 대학 설립자(최근 설립된 대학들은 종교재단이 대부분이다), 교수, 대학 직원들의 밥벌이를 위해 존재한다. 대학이 오늘날에도 나름의 존재 가치가 있다고 해도 대학교육의 기간은 대폭 줄여야 한다. 등록금 전면 철폐에 앞서 이 문제부터 해결하면 정부의 재정 부담이 크게 줄어든다. 그런데 이 쉬운 문제가 해결되지 못하는 이유는 우리가 사는 이 세상이 다양한 계층 간의 복잡한 이해관계로 얽혀 있기 때문이다.

우리가 학교에서 배운 대부분 지식은 실무를 하다 보면 현장과 유리된 박제화된 것이다. 먼저 산 사람의 경험은 그것이 좋으면 좋은 대로 나쁘면 나쁜 대로 두루 배울 필요가 있다. 사람의 경험은 돈 주고도 못 산다는 말이 괜히 있는 게 아니다.

청년기에는 책에서 배운 지식이 세상의 모든 것이 아님을 알아야 한다. 또한 사회생활의 모든 난관을 홀로 헤쳐 나갈 수 있는 힘이 축적될 때까지는 모든 이들로부터 배우는 일에 겸손해야 한다. 당신이 그들보다 좋은 학교를 다녔고, 학교 성적이 우수했다는 것이 얼마나 의미 없는 것인지를 깨닫는 데 실무 경험 1년이면 충분하다.

　세상의 모든 지식을 용광로처럼 흡수하는 20대 30대의 투자 성적이 왜 항상 40대나 50대의 평균치보다 낮게 나올까. 이는 투자의 결과가 지식의 총량이 아니라 경험에 더 큰 영향을 받는다는 것을 뜻한다. 세상을 사는 데는 지식과 정보만으로는 부족한 그 무엇이 있다. 그것이 바로 경험이라는 자본이다.

금융위기는 새로운 기회다

역발상의 투자는 인간 본성과 반대로 하는 투자법이다. 원시시대 초원에서 식물 채집에 의존해 살아가던 인간들에게 무리와 떨어진다는 것은 사나운 육식동물의 먹잇감이 되고, 이는 곧 죽음으로 이어질 수 있다는 것을 의미한다. 지금도 아프리카 대초원에서 집단 서식하는 초식동물은 맹수의 위협으로부터 자신을 방어하기 위해 항상 무리지어 산다. 동물이든 인간이든 무리지어 있을 때 심리적으로 안정되고 생존을 보장받는다는 생각을 하는 건 마찬가지다.

생존에 유리하게 진화된 인간의 집단 본능은 변동성이 지나치게 확대된 투자시장에서는 오히려 실패의 원인이 된다. 투자시장에서는 몰려 있으면 죽는다. 살려면 흩어져야 한다. 싸게 사서 비싸게 팔아야 투자에서 돈을 번다. 그러나 사려는 순간 사람이 몰려들면 가격은 상승하고, 싸지는 순간에 사람이 몰리면 투매로 이어져 수익률에 공황이 온다. 서브 프라임 모기지론 사태가 불러온 금융위기 시기를 복기해보라.

한때 신재형저축 상품에 집단 동조화로 인해 돈이 몰린 적이 있다. 소위 전문가 집단이 추천하고 언론이 기사로 도배질을 하면 그쪽으로 사람들은 벌떼처럼 몰려든다. 해당 상품의 경제성에 대한 이성적 판단은 유보된다. 그 시점에서는 부정적 의견은 그것이 진실을 말하는 것임에도 누구도 귀 담아 듣지 않는다. 마찬가지로 주식 투자에서 사람들이 몰리는 때는 투자를 할 시점이 아니다. 그 상품을 팔아 이익을 노려야 할 때다.

서브 프라임 모기지론 사태가 불러온 금융위기 당시 누가 돈을 벌었는가. 모두가 금융위기가 불러일으킨 공포에 사로잡혀 가지고 있던 주식과 채권을 투매할 때 그것을 헐값에 주워 담은 사람들이다. 실제로 금융위기 다음해에 가장 많은 돈을 벌었던 사람은 금융위기로 헐값이 된 우량 채권과 우량 주식을 사 모았던 사람들이다. 인간의 집단 동조화, 그로 인한 집단 최면 현상이 존재하는 한 역발상의 투자는 가장 성공 가능성이 높은 방법이다.

청년기는 투자 습관이 잘 길들여져야 하는 시기다. 만약 내가 30대일 때 누군가 이런 얘기를 나한테 해주었다면, 그동안 살면서 해온 나의 투자 레코드가 지금보다는 썩 나았을 것이라고 생각한다.

투자의 세계에서 현재까지도 효력을 발휘하는 말이 "남들이 두려워할 때 욕심내고 남들이 욕심낼 때 두려워하라"는 것이다. 이게 바로 역발상의 투자를 가리키는 말이다. 금융위기 당시의 주식과 채권시장의 흐름을 복기해보면 이 말이 맞다는 것을 새삼 확인할 수 있다.

금융회사 이용은 지혜롭게

　우리 주변에서 만나는 먹거리의 대부분은 겉보기에 화려하다. 하지만 실제는 인체에 피해를 끼치는 온갖 유해 인공첨가물로 범벅되어 있다. 누가 과자 한 봉지를 사면서 잔글씨로 쓰여 있는 식품첨가물을 일일이 읽고 구입하는가. 그냥 대충 산다. 그런데 이 인공첨가물이라는 것은 시간이 지나도 몸에서 배출되지 않고 인체에 쌓이면서 치명적인 독이 된다.

　여러분이 어린 시절에 먹었던 먹거리 중에서 지금도 가장 많이 생각나는 건 무엇인가? 사람의 취향에 따라 다 다르겠지만, 내 경우는 이 나이가 되어서조차 어머니가 부엌에 있던 빈약한 재료로 만들어주신 어머니 손맛이 깊이 밴 음식들이다. 어머니가 해주시던 음식은 단순한 먹거리가 아니라, 우리 삶의 일부이며 잊지 못할 추

억이다. 어린 시절 학교 앞 문방구에서 사먹던 불량식품은 추억거리는 될 수 있어도 그 맛을 잊지 못하는 사람은 없다. 먹거리의 경우 기계가 어머니의 솜씨를 대신한다고 해도, 어머니가 만들어주던 먹거리처럼 우리 몸에 필요한 살이 되고 피가 되는 영양분을 제공하지는 않는다.

간접투자 상품의 거의 대부분은 인체에 유해한 인공첨가물이 덕지덕지 포함된 불량식품과 같다. 불량식품을 팔아서 돈을 버는 사람이 누구인가? 바로 불량식품을 만들고 파는 사람들이다. 현재 금융시장에서 판매되는 금융상품이 이와 다르지 않다. 그래서 금융회사의 금융상품 판매방식을 두고 약탈적이라는 표현을 쓰는 것이다.

우리가 간접투자를 한다면 그 경제적 효과가 분명해야 한다. 그 효과가 분명하지 않은 상황에서 간접투자에 반드시 따라붙는 수수료를 내면서까지 간접투자를 해야 할 이유는 없다. 펀드, 변액 보험, 연금 저축상품에 수수료를 내고도 적어도 4% 이상의 수익률이 발생한다면 간접투자를 말리고 싶은 생각은 없다. 그러나 이조차도 안 되는 것이 현실이다. 적어도 현 시점에서 4%의 세후 수익률도 올리지 못하는 상품이라면, 이는 먹거리로 따지면 불량식품이다. 간접투자를 대표하는 펀드는 파생상품의 결합 정도에 따라 수수료는 예외로 치더라도 원금 손실까지 발생할 수 있다. 그런데 이런 무시무시한 상품에 투자하면서 상품설명서를 꼼꼼히 챙겨서 읽는 사람은 없다.

일반 상품이 유통단계가 복잡할수록 가격이 비싸지는 원리와 마찬가지로 금융상품 역시 유통단계를 없애고 직접 투자하는 것이 투자의 정석이다. 일례로 기업이 자금을 조달하려고 발행하는 채권인 회사채 3년물(이표채, 3개월마다 이자를 지급하는 채권)을 증권사를 통해 장외거래로 직접 투자하는 경우 3개월마다 이자를 수령할 수 있다. 신용등급이 투자 적격 채권으로 분류되는 BBB-등급의 회사채 투자 수익률은 적어도 은행의 정기예금보다 두 배 이상은 된다. 만약 3개월마다 받는 이자를 자유적립예금으로 재투자하는 경우 수익률은 더욱 높아진다.

여기까지의 얘기도 금융지식에 무지한 사람은 이해하기 힘들 것이다. 나 역시 내 눈높이에서 얘기를 하는 한계는 극복하기 힘들다. 그러나 투자는 실전이다. 어렵고 이해되지 않는 사람은 노력하면 된다. 내가 하는 얘기는 반복해서 듣다 보면 다 이해할 만한 수준의 내용이다.

기업이 발행하는 대표적 고수익 상품이 회사채라고 부르는 채권이다. 이 회사채에만 투자해도 당신은 지금 적어도 은행 정기예금보다 두 배 이상 수익률을 얼마든지 올릴 수 있다. 이외에도 기업이 발행하는 고수익 상품으로는 CP와 후순위 채권 등과 같은 자산 유동화 증권이 있다.

따라서 기업을 알면 투자가 보인다는 것은 매우 근거가 있는 얘기다. 이 저금리 시대를 극복하는 방법 중 가장 효과적인 것이 바로 기업이 발행 주체가 되는 고수익 상품에 직접 투자하는 것이라는 얘기를 절대 흘려듣지 말기 바란다. 그리고 제발 재정 관리에 겨우 눈을 뜰 시기에 간접투자 상품에 자신의 소중한 돈을 털리는 우를 범하지 말기 바란다.

내가 금융지식으로 무장해 투자의 주체로서 바로 선다면 금융거래에 있어서 갑과 을의 관계는 바로잡을 수 있다. 문제는 항상 그렇듯이 우리가 금융지식에 너무 무지하다는 것이다. 그러지 않고서야 어찌 사업비를 공제한 후 금리가 체증되기 시작하는 보험사의 저축성 보험을 적금으로 알고 가입하겠는가. 또 증권사 투자 자문사가 자신들의 입맛대로 포트폴리오를 구성하고 그 위험을 모두 고객에게 전가하는 랩어카운트 상품을 고수익 상품으로 알고 간접 투자하는 것을 이해할 수 있단 말인가. 금융거래에서 갑과 을의 관계를 바로잡고 고객이 시장의 주체로 바로 서기 위해서는 금융지식으로 무장하는 수밖에 없다.

물론 금융회사가 모두 나쁜 것은 아니다. 이를 이용하는 우리가 활용을 제대로 하지 못하는 책임도 있다. 은행의 예를 들어보자. 은행 예·적금 상품에 금리경쟁력이 없다는 것은 모두가 아는 사실이다. 하지만 그렇다고 해서 은행과 거래하지 않겠다고 하는 것도 잘못이다.

은행은 이미 우리 일상생활 속에 깊이 들어와 있다. 우리는 싫든 좋든 은행과 거래하지 않을 수 없다. 우리는 은행을 통해 각종 공과금을 납부하고 주거래은행 통장으로 계좌이체를 하면 수수료도 내지 않는다. 은행과 거래하는 이유가 단지 생활의 편리함을 위해서만도 아니다.

현재 개인의 자산 운용과 관련하여 저금리로 대출받을 수 있는 곳이 은행이다. 물론 대출받을 수 있는 금융회사는 많다. 그러나 같은 저축기관이지만 저축은행은 은행과 비교해 평균 대출금리가 상당히 높고 그것도 고금리 소액 대출에만 집중하는 것이 현실이다. 이외에 할부금융, 캐피탈, 카드사도 대출을 하고 있다. 그러나 이들 회사는 저축기관이 아니므로 대출자금을 조달하려면 그들 역시 은행에서 대출을 받거나, 보유하고 있는 매출채권을 담보로 유동화증권을 발행하든지 채권(카드채)을 발행할 수밖에 없다. 은행처럼 고객으로부터 예금을 받아 이를 재원으로 하여 대출을 하는 게 아니라 간접금융으로 자금을 조달해 대출 재원을 마련하기 때문에 구조적으로 대출금리가 높을 수밖에 없는 구조다.

자금 관리를 잘하는 방법 중 하나가 예금금리 1% 더 받는 것보다 대출금리 1%를 더 낮춰서 받는 것이다. 우리가 은행 거래를 할 때 주거래은행을 정하고 주거래은행에 거래를 집중하는 이유는 바로 대출금리를 낮추기 위해서다. 실제 주거래은행을 정하고 이곳에 예·적금뿐 아니라 신용카드, 각종 공과금 납입 등 거래를 집중하고 대출이자를 연체 없이 잘 갚아나가면 저금리로 신용대출도 받을 수는 있는 기회가 많아진다. 담보대출의 경우에도 상대적으로 금리 우대 혜택을 받을 수 있다. 금리가 낮다고 해서, 무조건 은행 거래를 배척하지 말고 은행을 적절하게 잘 이용하는 것도 우리가 배워야 할 자금 관리의 지혜다.

금융시장에서 갑은 누구인가? 투자의 주체인 고객이다. 그런데 지금의 금융거래에서 고객은 금융회사에 의해 봉으로 전락하고 있다. 고객은 한국은행 기준금리에도 못 미치는 수익을 내는 금융상품에 투자하면서도 수수료는 꼬박꼬박 금융회사에 갖다 바치고 있다. 펀드 투자로 원금 손실이 발생해도 모든 책임은 고객의 몫이다.

여기에 수수료까지 낸다. 이런 부당한 거래를 계속해야만 하는 이유가 있는가. 대체시장이 충분히 있고 고수익까지 보장되는 환경에서 말이다. 투자에 대한 코페르니쿠스적 사고의 전환이 요구되는 시점이다.

신용카드를 쓰레기통에 버리는 용기

　자본주의가 시작된 이래로 자본이 만든 상품 중에서 자본에 가장 많은 이익을 안겨준 상품은 인간의 생활편의에 혁명적 변화를 안겨준 세탁기, 냉장고, 자동차 따위가 아니다. 신용카드와 펀드다. 전통적 개념의 은행이 오늘날처럼 세상의 돈을 다 빨아들이는 거대제국이 되는 과정에서 가장 큰 기여를 한 것이 바로 신용카드와 펀드다. 어느 일방이 시장의 재화를 독점하면 다른 쪽 그만큼 가난해진다. 세계 최초로 신용카드를 상업화한 비자인터내셔널은 세계에서 매출액이 가장 많은 기업이 되었다. 펀드는 전통적 개념의 은행을 유니버셜 뱅크, 메가 뱅크로 성장시킨 동력이 되었다.

　신용카드의 나쁜 점을 아무리 얘기해봤자 씨알도 먹히지 않는다는 걸 잘 알고 있다. 신용카드의 문제점을 아무리 얘기해도 이미 신용카드는 우리 일상생활에 너무 깊숙이 들어와 있다. 사람들은 자기 지갑에서 나가는 돈임에도 캐시백, 마일리지 포인트 서비스가 신용카드를 씀으로써 발생하는 비용 이상의 경제적 효과가 있다고 믿을 정도로 신용카드를 통한 소비에 단단히 빠져 있다. 그래서 신용카드를 만들 때 자신의 라이프스타일에 유리한 캐시백 서비스를 제공하는 카드를 선택하는 것이 영리한 소비라고 알고 있다. 그러나 가장 영리한 신용카드 사용법은 신용카드 사용을 가능한 한 줄이고 현금을 쓰는 것이다.

신용카드에서 제공하는 서비스의 근간은 금융 서비스이고, 그 금융 서비스는 소위 고금리로 자금을 대출하는 팩토링 금융(할부금융 포함)이라는 것이다. 즉 카드회사가 제공하는 모든 서비스는 그 기본구조가 고비용을 수반할 수밖에 없다.

상식적으로 생각해보자. 은행, 저축은행, 마을금고의 대출상품이 왜 카드사의 현금서비스와 할부금융, 카드론보다 대출금리가 싸다고 생각하는가. 이유는 간단하다. 은행권 대출상품의 재원은 고객의 예금, 적금을 기초로 하기 때문에 대출금리가 구조적으로 낮다. 그렇다면 신용카드사, 할부금융사는 금융 서비스를 하기 위한 자금 조달을 어떻게 하는지 아는가?

신용카드사, 할부금융사는 기본적으로 고객으로부터 직접 예금을 받을 수 없는 여신 전문회사다. 따라서 이 회사들이 금융 서비스를 제공하려면 은행을 통해 대출을 받든지 상대적인 고금리로 채권(카드채)을 발행해 간접적으로 자금을 조달할 수밖에 없다.

신용카드가 없으면 불편해서 못 살겠다는 사람은, 신용카드의 결제 서비스 기능이 있지만 서비스 이용에 따른 비용이 거의 없는 체크카드를 사용하라.

신용카드와 체크카드의 가장 큰 차이점은 결국 일종의 전도금융 (무형의 신용을 담보로 소액의 금융 서비스를 제공하는 것으로, 신용카드로 물건을 사고 결제했다고 해도 이는 신용카드사가 고객 대신 물건 값을 치른 것이고, 고객은 일정 기간 내에 그 값을 신용카드사에게 갚아야 하기 때문에 결국은 신용카드사의 대출 서비스를 이용하고 그 비용을 내는 것이 된다)으로 신용 할부구매 서비스를 제공하느냐 아니냐의 차이다. 즉, 신용구매의 기능 여부에 따라 신용카드와 체크카드가 구분된다. 체크카드에 신용구매 기능이 없다고 해서 현금카드라고 할 수는 없다. 현금카드는 구매결제 기능이 없다.

체크카드는 신용구매 결제기능이 없어서 자신의 통장 잔고 내에서만 결제가 가능하다. 이와 관련해 현재 하이브리드 체크카드라고 해서 소액의 신용구매 결제기능이 있는 체크카드가 발행되고 있다. 이렇게 되면 '도로 신용카드'라는 소리가 나올 수 있는데, 하이브리드 체크카드는 신용구매 가능 액수를 소액으로 정해둠으로써 과소비를 막고 있다. 체크카드에는 신용카드의 선(先)구매, 후(後)결제 기능이 없다.

최근에 체크카드 붐이 일면서 은행 간 경쟁도 심해졌다. 요즘은 은행에 가서 현금카드를 만들어 달라고 하면 창구 직원이 현금카드를 만드는 데 드는 수수료를 내든지, 아니면 체크카드를 만들든지 선택하라고 한다. 은행 입장에서는 체크카드가 현금카드보다 물품구매 거래가 빈번하게 이뤄져 즉시 결제되기 때문에 이익이 더 크다.

　체크카드의 장점은 결제를 할 때마다 SNS로 통장 잔고에서 빠져나가는 돈이 즉각 확인되기 때문에 소비를 통제할 수 있다는 점이다. 사용한 금액 내에서 소득공제도 된다. 신용카드는 소득의 25% 초과 사용금액의 20%까지 소득공제 혜택을 받을 수 있는 반면, 체크카드는 소득의 25% 초과 사용금액의 25%까지 소득공제 혜택이 주어지기 때문에 신용카드보다 유리하다. 또한 신용카드는 개인의 신용등급에 따라 한도와 발급 여부가 결정되지만, 체크카드는 신용등급과 관계없이 누구나 만들 수 있고 통장 잔고 내에서만 결제할 수 있다.

　신용카드를 버리고 체크카드를 쓰라고 하는 것은 체크카드가 가지고 있는 결제기능 때문만은 아니다. 인간의 소비는 습관에 따라 관행적으로 이루어진다. 사회생활 초기부터 신용카드의 선구매 후 결제 방식에 익숙해지고 이것이 습관화되면 고치기가 아주 어렵다. 그 결과 무리한 소비를 관행적으로 하게 된다. 신용카드가 좋은 것이냐 체크카드가 좋은 것이냐를 따지는 것은 무의미한 일이다. 다만 체크카드 사용을 습관화하면 과소비를 줄일 수 있다.

　개인의 소득이 줄면서 덧셈의 자금 관리에 앞서 뺄셈의 자금 관리를 먼저 하라고 한다. 사실 돈 많은 사람은 돈 몇 푼에 연연해하지 않는다. 그러나 소득이 상대적으로 적거나 이제 막 사회생활을 시작해 모아둔 돈이 없는 20대와 30대는 덧셈의 자금 관리에 앞서 반드시 뺄셈의 자금 관리를 먼저 해야 한다.

　뺄셈의 자금 관리는 무조건 아껴 쓰라는 얘기가 아니다. 그 이상의 가치를 목표로 하는 것이다. 그러니까, 금융상품을 하나 선택해도 금리가 1%라도 높은 상품을 찾아 예금하고 1%라도 금융비용을 줄이는 곳을 찾아 대출을 받아야 한다는 것이다. 30대 독신가구의 생활비에서 가장 많은 비중을 차지하는 주거비용을 줄이기 위해 가능한 한 저리의 전세금 대출을 받아 월세를 해결하는 것도 뺄셈의 자금 관리에서 매우 중요하다.

뺄셈의 자금 관리를 먼저 하라는 말을 하면서 나 역시도 청년들에게 "너희들은 돈을 못 벌잖아. 그러니 어쩌겠어. 아껴 쓰기라도 해야지"라는 식으로 무언의 압박을 강요하는 것 같아 마음이 불편하다. 그러나 뺄셈의 자금 관리는 그런 뜻에서 하는 얘기가 아니다. 어떤 처지에 놓여 있건 일상에서 허투루 일어나는 지출을 줄이고, 금리가 높건 낮건 간에 저축금액을 늘리는 것이 자금 관리의 기본이 되어야 한다는 것이 내가 하고 싶은 얘기다.

물론 소득이 적을수록 전략적으로 뺄셈의 자금 관리를 해야 할 필요성이 커진다. 돈이 있느냐 없느냐가 사람의 마음가짐에 큰 영향을 미친다. 인간은 아무리 부정하려 해도 물질이 인간의 의식과 영혼을 지배한다. 우리의 정신세계는 물질 앞에서 너무도 무력하다. 서구의 부르주아지 정당들이 그들의 물적 토대에 따라 지지층이 다른 이유가 여기에 있다. 실제로 영국의 보수당과 노동당 지지층을 구별하는 잣대 중에 집을 소유하고 있느냐 아니냐에 있다.

내가 부자가 되기 위해서라면 무슨 짓이라도 하라는 게 아니다. 소득이 적으면 적은대로 그에 적합하게 돈을 모으는 방법을 생각하고 실천하는 인내심을 가지라는 것이다. 그 과정이 고되고 힘들어도 이 기간을 훌륭하게 치러내면 여러분에게는 세상을 이겨내는 또 하나의 무기가 생기는 것이다.

우리는 경제성장은 정체되고 개인 소득은 감소하는 소위 감속경제의 시대를 살고 있다. 여기에 금리까지 낮아 서민들은 이중고를 겪고 있다. 너무나 당연한 말이지만 벌지 못하면 쓰는 것을 줄일 수밖에 없다. 이것이 우리가 지금 뺄셈의 자금 관리를 먼저 해야 하는 이유다.

모든 사람이 신용카드를 사용하는 것으로 알고 있지만 이는 착각이다. 여전히 현금으로 물품을 구매하고 지출하는 사용액이 전체의 38%에 이른다. 이 사람들이 현금을 지출수단으로 쓰는 이유는 물론 다양할 수 있다. 그러나 그중 많은 사람이 신용카드가 과소비를 부추기고 신용카드의 높은 수수료가 결국 개인에게 독이 된다는 사실을 경험적으로 알고서 현금결제가 다소 불편해도 신용카드사용을 자제한다는 것은 분명한 사실이다.

100원의 돈을 더 버는 일을 어렵다. 그러나 100원의 돈을 덜 쓰는 것은 이보다는 쉽다. 경제적으로도 후자의 효과가 더 크다. 우리가 일상에서 소모적으로 쓰는 비용, 이를테면 최신 스마트폰 구매, 과도한 통신비 지출, 현금 서비스 이용 등만 자제해도 자금 관리는 현재보다 더 효율성을 갖게 된다.

경제성장은 더디고 개인 소득은 줄어드는 감속경제의 시대, 돈 버는 것이 어렵다면 덜 쓰기라도 해야 할 것 아닌가.

넷째 날

초보자에게 살이 되고
피가 되는 금융의 기술

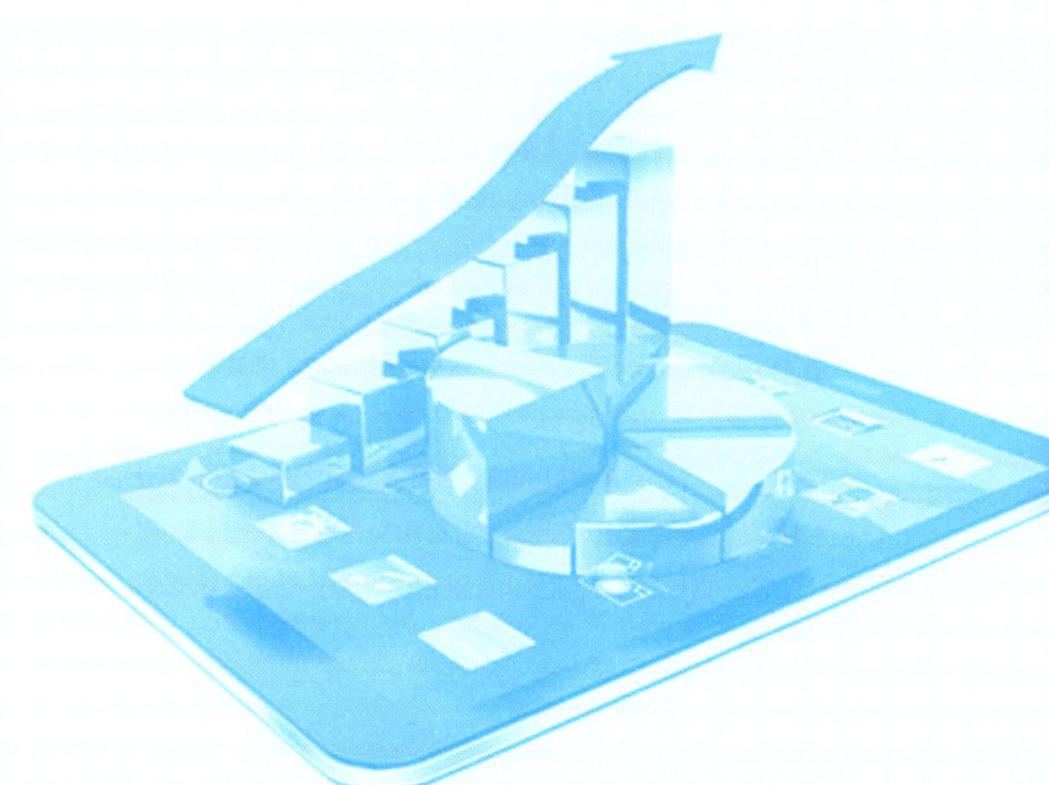

금융상품을 재정의하라

매월 받는 소득에서 일정액을 떼어 투자하는 재테크에 있어서 처음 맞닥뜨리는 일이 저축상품의 선택이다. 이미 금융시장에서는 많은 금융상품이 판매되고 있어 그 중에서 선택하면 되기 때문에 큰 어려움은 없다. 그러나 정작 문제는 이 상품들 대부분이 별 영양가가 없다는 것이다.

지금 여러분 앞에는 멋들어진 전주 한정식이 차려져 있다. 최근에 전주 한정식은 관광객들이 많이 찾으면서 반찬 가짓수가 대폭 늘어났다. 저축상품도 저금리 시대라지만 오히려 가짓수는 늘어났다. 한데 전주 한정식의 문제는, 상차림은 화려해졌지만 정작 '젓가락이 가는' 반찬은 오히려 줄어들었다고 말하는 사람이 늘고 있다는 점이다.

저축상품도 그렇다. 즉, 외양은 화려해졌으나 정작 상차림의 질은 떨어진 형국이다. 현재의 저축상품은 가짓수는 많아졌으나 '그 밥에 그 나물'이라고 할 정도로 내용에서는 천편일률적이다. 여러분도 이제 지금과 같은 저금리 상황에서 우리가 주로 찾는 은행이나 보험사의 저축상품으로는 저축 효과가 없다는 것을 잘 알고 있을 것이다. 그래서 시장에 나와 있는 저축상품으로는 답이 나오지 않는다. 그나마 낫다는 청약 종합통장, 신재형저축, 저축은행의 자유적립예금, 마을금고의 비과세 저축상품도 세금 공제 후 받게 되는 이자가 2% 정도다. 이 정도의 저축 금리에 만족한다면 이는 이상한 일이다.

어떻게 하면 좋을까? 먼저 투자와 관련해 우리가 꼭 알아야 하는 것이 있다. 투자 상품에 절대적 가치는 없다는 것이 그것이다. 이게 무슨 말인가 하면, 우리가 주로 투자하는 정기예금, 채권, 주식, 심지어 부동산도 경제상황의 변화, 이를테면 거시 경제지표, 물가, 금리, 환율, 인구의 동태적인 변화, 정부의 경제정책 운용기조 등의 요인에 의해 상대적으로 그 가치가 계속 변화하기 때문에 투자 시점의 경제상황, 정부정책, 사회적 변화 등에 맞춰 상대적으로 가치 있는 상품에 투자하면 된다는 뜻이다.

투자 상품의 경제성은 상대적이지 절대적이지 않다. 이런 면에서 볼 때 현재 은행이나 보험사의 저축성 상품은 상대적으로 경제적 가치가 낮은 반면, 채권 관련 상품은 상대적으로 경제적 가치가 높다. 이런 점을 고려하여 금융상품에 대해 잘 모르는 우리 청년들에게 알려주고 싶은 세 가지 방법을 추천한다.

RP와 발행어음이 무엇인지를 다시 한 번 설명하면 다음과 같다. RP란 'Repurchase Agreement'의 약어로, 직역하면 환매조건부채권이다. 즉, 증권사가 보유하고 있는 채권을 담보로 해서 증권사가 만기일 전에 재구매를 약속하고 판매하는 단기 수익증권을 가리킨다. 금융 초보자에게 RP라는 상품은 어렵게 느껴질 것이다. 그러나 정확하게 말하면 어려운 게 아니라 낯설다고 표현하는 게 맞다. 알고 보면 상식적으로 어려울 것이 없기 때문이다. 발행어음이란 종금사가 자기자본 내에서 발행하는 어음이다. 시장 실세금리를 적용하는 예금자 보호 상품으로, 1년 이상 투자할 경우는 정기예금 단리처럼 매월 이자를 받을 수 있다.

저축을 하거나 적금에 투자하듯이 매월 꾸준히 우량주 중심으로 주식에 투자하는 방법이다. 이 경우 장기간을 염두에 두고 투자한다면 소위 분할매수 효과로 인해 수익률 변동을 최소화할 수 있다.

이것은 자산운용사가 판매하는 적립식 펀드에 간접 투자하는 것과 같은 방법이다. 다른 점은 개인이 직접 투자하기 때문에 원금의 3%에 이르는 수수료를 내지 않아도 되며, 주식 매매 시기를 자신이 결정할 수 있어 위기상황에 적절히 대비할 수 있다는 것이다. 물론 이 방법은 주식 투자에 대해 어느 정도 지식이 있고 다소 공격적인 투자 성향을 가진 사람에게 적합하다. 매월 저축 가능한 액수 전부를 주식에 투자하는 것이 부담스러우면 이를 5 대 5로 나누어서 절반은 주식에, 절반은 자유적립예금에 투자해 위험은 낮추고 수익은 안정적으로 얻는 방법도 생각해볼 수 있다.

월 소득이 적은 은퇴자의 경우는 수익성 부동산에 빚을 내서 투자해(?) 레버리지 효과를 노려볼 수 있다. 이 방법은 30대가 아니라 이미 은퇴했거나 은퇴를 준비 중인 30대 부모님이 노후 준비를 하는 데 적당하다. 그래서 이 방법을 잘 알아두었다가 부모님에게 컨설팅을 해준다면 효자라는 소리를 들을 수도 있다.

연으로 계산해 7~10% 이상의 수익이 발생하는 투자 상품이 있다. 이것이 무엇인가? 바로 부동산이다. 5000만~6000만 원의 돈으로 부동산에 투자한다니, 믿기 어려울 수도 있다. 그러나 이 정도 돈으로 투자할 수 있는 부동산이 있다. 그것도 7% 이상의 수익이 보장되는. 이런 상품이 바로 수도권 지역의 소형 오피스텔이다. 지금 시흥시 정왕 지구, 안산시 고잔 지구, 서울 오류동 일대의 대규모 오피스텔 단지들의 매매가와 임대가를 확인해보라. 연 7%의 안정적인 임대수익을 올리는 게 허상이 아님을 알 수 있다.

극단적으로 생각해 만약 투자자금이 전혀 없어 집을 담보로 대출받아 투자하는 경우에도 이익이 발생한다. 왜냐하면 대출금리가 3%(주택담보 대출금리)라면 대출이자를 내고도 이익이 발생하기 때문이다. 즉, 레버리지 효과가 발생하는 것이다. 현재 확정적으로 은행 대출을 이용해 투자하는 상품 중에서 레버리지 효과가 발생하는 유일한 투자 대상이 바로 수도권 지역의 저가 소형 오피스텔이다. 이렇게 투자해서 매월 발생하는 임대소득을 자유적립예금으로 투자한다면 이전소득은 더 커지게 된다. 부동산이 불황이라는 것을 모른다면 바보다.

그런데 투자 상품의 가치는 경제적 요인뿐 아니라 인구의 사회적 변화에도 큰 영향을 받는다고 앞에서 말했다. 맞다. 부동산 중에서도 1인 독신가구를 대상으로 하는 저가 소형 오피스텔의 수익성이 높은 이유는 바로 독신가구의 급격한 증가 때문이다. 이들의 소득수준을 감안할 때 저가 소형 오피스텔의 수요 역시 급증하기 때문에 그렇게 되는 것이다.

현재 수도권 외곽의 저가 소형 오피스텔 단지의 경우 임대수익률은 은행 정기예금 수익률보다 최소 세 배 이상은 된다. 문제는 담보물건도 없고 여유자금도 없는 사회 초년생이 이런 투자를 한다는 게 현실적으로 어렵다는 점이다. 그래서 소액을 투자할 수밖에 없는 30대의 경우는 증권사가 장외거래로 중계하는 소액 채권에 투자하는 것이 현재로서는 가장 확실한 목돈 만들기 방법이다.

자금 관리와 운용은 같은 재료(돈)를 가지고도 이를 운용하는 사람이 누군가에 따라 그 가치의 크기가 달라진다. 저금리일수록 더 담대하게 투자에 나서라. 투자 상품에는 절대적인 것이 없다. 경제 흐름에 따라 상대적인 가치만 존재할 뿐이다. 기준금리 1.5%의 시대에도 개인 역량에 따라 위험은 최소화하면서 상대적으로 고수익을 올릴 수 있는 방법은 있다.

지금으로서는 우리가 습관적으로 선호하는 저축상품으로는 가처분소득이 늘어나지 않는다. 우리가 가장 많이 선택하는 은행권의 저축상품, 보험사의 저축보험, 연금상품 등은 세금 공제 후 실제로 받게 되는 세후 이자가 물가상승률에 못 미치는 실질금리 마이너스 상태이기 때문이다. 그래서 이제 저축하는 방법을 바꾸라는 말을 하는 것이다. 저축상품 선택에 대한 생각을 바꾸면 매월 소액으로 투자해서도 개인의 가처분소득을 얼마든지 늘릴 수 있다.

우리는 외부적 상황이 자신에게 불리하기 때문에 부자가 될 수 없다고 말하곤 한다. 이 말이 틀린 건 아니다. 그러나 대부분의 자수성가형 부자들을 보면 결국 부자가 되느냐 못 되느냐는 자신에게 달려 있다. 불리한 외부적 상황이 상수라면 개인이 이를 바꾸기는 어렵다. 그렇다면 자기 스스로 그런 불리한 상황을 돌파하려는 의지라도 가지고 있어야 한다. 경제라는 것에는 항상 기회와 위험이 공존한다. 이 두 갈래 길에서 기회를 잡기 위해서는 개인이 변화할 수밖에 없다. 이것 외에 다른 해답은 없다.

기준금리의 10배 증권사 신용대출금리

2016년 6월 이후 한국은행의 기준금리는 1.25%다. 그런데 증권사의 신용융자 금리는 연 12%로 딱 10배 높다. 신용물가는 빚내서 주식에 투자하려는 사람이 대출받는 돈이다. 과연 12%의 금리도 대출받아서 그 이상의 수익률이 나올 확률이 얼마나 될까?

그럼에도 정말 많은 사람들이 증권사에서 빚을 내 주식투자를 한다. 2016년 7월 기준으로 증권사 신용융자 잔액이 7조 3,041억 원에 이르고 있다. 연평균 신용융자 잔액이 이 상태로 지속된다면 증권사가 벌어들이는 이자 수익만 연 8,800억 원이 넘는다.

증권사는 신용융자 대출금리를 연 12%의 고금리를 유지하고 있으나, 증권사가 판매하는 수시입출금식 예금 상품인 CMA에 투자하면 연 1.10~1.25% 금리를 받는다.

대출금리는 12%인데 예금금리는 1.10~1.25%다. 10배 이상 차이가 난다. 증권사에서 빚내서 주식에 투자하는 대부분의 사람은 단기투자를 목적으로 하는 개인투자자들이다.

증권사들은 대출금리를 너무 낮게 책정할 경우 개인투자자들이 빚내서 투자하는 것을 부추기는 부작용을 우려해 신용융자금리를 낮출 수가 없다고 변명한다.

증권사가 개인투자자가 빚내서 투자하는 것을 걱정한다면 신용융자 한도를 줄이는 일을 우선적으로 했어야 한다.

그렇게 걱정된다면 신용거래를 없애면 될 것이 아닌가.

대한민국에서 금융소비자로 산다는 것은 극단적으로 말해서 금융회사에 이리 뜯기고, 저리 뜯겨 결국 뼈다귀만 남는 신세로 전락하는 일이다.

저금리를 역이용하는 투자

저 금리를 역이용 하는 투자가 가능하기 위해서는 먼저 그들이 만들어 놓은 금융상품의 프레임에서 벗어나야 한다. 그리고 투자 상품의 대한 경계심이 없어야 한다. 이 조건이 해결되지 않으면 투자 행위를 통해 이 혹독한 저금리를 극복하는 투자는 힘들다. 이 책은 초보자를 대상으로 쓰는 책으로는 너무 본질에 깊이 들어가는 것이 아닌가 하는 생각을 한다.

그러나 본질을 말하지 않고서는 초보자 역시 투자의 방향을 잡기 어렵다는 생각에서다. 우리가 일상적으로 소비하는 금융상품의 거의 모든 것은 한국은행의 기준금리에 의해 절대적으로 영향을 받는다. 따라서 그들이 만든 금융상품의 프레임 안에서 투자를 한다는 것은 나는 투자 행위를 통해 한 푼의 가처분 소득을 올리지 않아도 된다고 스스로 말하는 것과 다르지 않다. 실질금리 마이너스 시대라고 해도 투자에 대한 사고의 전환을 한다면 상대적으로 투자행위를 통해 상대적으로 높은 수익률을 달성 할 수가 있다. 이점에 있어 부자들은 다르다. 그래서 부자가 된 것이다.

부의 정도에 따라 저금리를 느끼는 체감온도는 다르다. 우리나라의 서민과 중산층(average class)의 자산 규모는 사는 집 한 채와 몇 천만 원의 금융자산이 전부인 경우가 대부분이다. 주택은 부동산 시장의 골 깊은 불황으로 애물단지로 전락했고, 일천한 예금마저도 저금리 탓에 재산 증식에 불리한 상황이다. 그 결과 저금리는 서민의 재산 형성에 치명적인 독이 되고 있다. 반면, 부자(upper class)는 저금리에 대응할 정도의 자산 규모를 갖추고 다양한 자산을 분할 관리하는 덕분에 저금리로 인한 피해가 덜하다. 이렇게 보면 저금리는 서민과 중산층의 희생을 전제로 하는 제2의 증세정책이라고 할 수 있다.

지금의 저금리는 매우 복잡한 이해관계가 얽히고설키면서 결정된다. 현재의 저금리가 과거보다 문제가 되는 이유는 금리 결정 과정에 정치 공학적 이해가 깊이 개입되어 있기 때문이다. 저금리로 가장 큰 피해를 보는 계층은 우리 사회의 취약 계층이다. 반대로 가장 많은 혜택을 보는 곳은 대기업이다. 은행권이 대출한 돈을 가장 많이 갖다 쓰는 곳이 어디인가? 바로 대기업이다. 수백조 원이 넘는다. 대출금이 1조 원이라면 대출금리가 0.01%만 낮아져도 대출이자 100억 원이 줄어든다. 반면 저금리임에도 서민들의 평균 대출금리는 상대적으로 높아졌다. 바로 이것이 저금리가 부의 양극화 문제를 더 악화시키는 요인이 되고 있는 이유다.

이는 매우 심각한 문제다. 따라서 사회갈등 비용을 줄인다는 측면에서 정부는 도시 평균 가계소득 이하의 서민에게는 저축상품에 대한 비과세 혜택을 유지·확대하고 금융권의 고금리 대출을 통제할 필요가 있다.

금융기술을 말하는 자리에서 '초 치는' 얘기를 한 마디 하고자 한다. 금융기술을 활용해 이미 나와 있는 금융상품 중에서 옥·석을 구분하는 것은 물론 중요하다. 그러나 왜 지금처럼 저금리로 인해 은행과 보험사 금융상품의 경제성이 사라졌고, 또 왜 우리는 그로 인해 이들 금융회사와의 거래가 늘수록 더 가난해질 수밖에 없는지를 우선적으로 알아야 한다.

지금 세상에 존재하는 보험사, 은행 등 소매 금융회사에서 판매하는 금융상품을 구매하는 것은 소비자 입장에서는 땀 흘려 번 돈을 그들에게 갖다 바치는 행위에 불과하다. 소비자가 갖다 바친 그 돈으로 금융회사 임직원들은 점점 배부른 돼지가 되어갈 뿐이다. 그래서 주류 경제학자들조차 현재의 금융회사 금융상품 판매를 두고 '약탈적'이라고 하는 것이다.

소매 금융회사에서 판매를 전담하는 비정규직 영업자(재정설계사라 부른다)들 역시 피해자이기는 마찬가지다. 이들이 신규 영업자를 리쿠르팅하고 판매를 전담하고 있지만 이들 또한 금융회사 임직원과 대주주들을 위해 한번 쓰이고 버려지는 소모품 같은 존재들이기 때문이다. 따라서 우리는 일선에서 고객을 직접 상대하면서 영업하는 이들을 비난할 게 아니라 이런 구조에 기생하는 자들을 비난해야 한다. 여러분 친구들 가운데 본의 아니게 비정규직 영업자가 돼서 여러분에게 별 효용가치가 없는 보험 상품을 강매하는 경우를 심심치 않게 당해왔을 것이다. 그러나 그들도 피해자이지 우리가 공격할 대상이 아니다.

지금 은행권과 보험사에서 판매하는 상품들, 이를테면 정기예금, 적금, 각종 연금 상품은 저축금액이 증가할수록 우리를 더욱 가난하게 만들 뿐이다. 상식적으로 생각해도 지금 판매되고 있는 금융 상품 중에서 이자에 대한 세금 15.4%를 떼고 실질금리가 물가상승률을 상회하는 상품이 있는가?

우리는 당장 눈앞의 금리 0.1%는 잘 따져도, 금리 프레임에 갇히는 순간 다른 것은 보지 못하는 잘못을 흔히 저지른다. 은행 보험사의 저축상품을 버리면 이 지독한 저금리 시대에도 당신의 지갑을 두툼하게 해주는 투자 상품이 얼마든지 있다. 여러분은 그 기회를 놓치지 않기를 바란다.

오늘날 우리나라 경제는 국가경제는 성장하고 있지만 개인은 오히려 점점 더 가난해지고 있다고 한다. 이 와중에 개인을 상대로 하는 금융회사들은 과거에 비해 더 거대화되고 임직원 임금 또한 크게 오르고 있다. 모 은행 임원의 평균 급여는 외환위기 당시와 비교해 14배에서 16배나 올랐다고 한다. 참으로 이상한 일이 아닌가? 금융회사를 먹여 살리는 개인 고객은 점점 가난해지고 있는 반면 금융회사는 점점 더 배부른 돼지가 되어 간다는 게 말이다.

도대체 왜 그럴까? 이유는 간단하다. 과도한 금융거래 수수료, 펀드 같은 위험하고 수수료 높은 상품의 판매 증가가 그 원인이다. 펀드, 변액 관련 상품은 고객 입장에서는 악마가 만든 상품이지만,

금융회사 입장에서는 수백 년에 걸친 자본주의 역사에서 자본이 만든 최고 상품이다. 왜냐하면 펀드, 변액 관련 상품은 과도한 수수료에도 불구하고 투자원금 손실이 모두 개인 고객에게 전가되고 금융회사는 이에 대해 아무런 책임도 지지 않게 설계되어 있다. 이것은 봉이 김 선달이 대동강 물을 떠서 팔아 먹었다는 일화보다 더 쉽게 돈을 버는 일이다.

현재의 금융상품 투자를 보면, 자본이 자신에게 이익이 되는 한에서 규칙을 만들고 우리는 그 안에서 투자하고 있는 게 현실이다. 룰을 정의롭게 바꾸지 않는 한 여러분은 금융회사와 거래할수록 가난을 피해갈 수 없다. 룰을 바꿀 수 없다면 금융회사와의 거래를 거부하라. 그렇다면 대안은? 걱정 말라. 대안은 얼마든지 있다.

투자 행위로서의 재테크 무용론이 나오고 있는 이유는 저금리로 인한 금융상품의 수익률 하락에서 온 것이다. 그렇다면 투자 상품의 프레임에서 벗어나 시장의 흐름에 맞는 투자상품을 선택하면 되는 것이 아닌 가. 목돈을 가지고 은행의 정기예금에 투자하는 것보다는 채권에 직접투자하든지 아니면 독신가구의 급증으로 경제적 가치가 크게 상승하고 있는 원룸주택에 투자를 하든지, 방법은 많다.

ATM 수수료만도 못한 은행이자

은행 예금금리가 세금 공제전으로 1%인 시대이다.
100만 원을 예금하면 만기후 받는 이자가 1만 원이라는 얘기다. 그런데 그 1만 원도 이자에 대한 세금 15.4%를 제하고 나면 실제 받는 이자는 8,560원이다.
1,00만 원이면 85,600원이다. 이 돈은 1년간 ATM 기준 50번 이상 이용하면 수수료로 사라지는 돈이다.
ATM기의 인출한도는 1회 이용에 70만 원이다. 100만 원을 인출하기 위해서는 추가로 ATM기를 1회 더 이용해야 한다. 따라서 2배의 수수료를 내야한다. 현재 ATM기로 10만 원에서 100만 원을 인출시 붙는 이용 수수료가 2,000원이다.
예금금리는 내리기만 하는데, 은행의 각종 수수료는 계속 오르기만 한다. 이런 불이익을 감수하면서까지 은행거래를 계속해야 할까.
1만 원 인출에 수수료가 900원이다. 주말에는 1,500원으로 오른다. ATM기가 은행의 고임금 인력을 대신하는데도 기준금리 인하에 의한 예·대 마진율의 감소를 고객에게 전가하고도 은행은 여전히 징징대기만 한다. 이 상황을 어떻게 봐야할까. 은행창구를 향하는 발걸음이 무거워진다.
은행거래를 끊을수는 없다. 그러나 줄일 수는 있다. 은행의 거래수수료가 부당하다는 생각하고 있다면 은행거래를 줄여라.

대형은행이
좋다는 생각은 버려라

요즘은 소비자도 약아져서 인터넷 가격 비교사이트를 이용해 물건을 구매하는 것이 일반적인 흐름이다. 판매회사의 규모 브랜드에 구애받지 않고 사용 후기에 실린 댓글을 참조하여 상품의 품질과 가격을 비교하여 구매하는 패턴이 일반적인 흐름으로 자리 잡고 있다. 그런데 금융상품 투자에서만은 이 흐름에서 예외다. 일반 소비재를 구매하는 것과 비교해서 금융상품 투자의 경제적 가치는 큰 차이가 있다. 우리의 금융상품 투자는 상품의 경제성을 따지지 않고 관행적으로 상대적으로 규모가 큰 은행은 믿을 수 있다는 생각으로 경제성을 크게 신경 쓰지 않는 다. 마을금고는 조합원으로 가입하고 투자하면 비과세 혜택을 받을 수 있음에도 꺼려하는 것이 현실이다.

요즘은 금융회사마다 회사 타이틀을 영문 이니셜로 쓰는 게 유행이다. 그렇게 하면 회사 이미지가 올라가고 고객들에 대한 서비스가 좋아질까? 그렇지 않다. 타이틀을 바꾸나 그대로 두나 현재의 금융회사는 고객의 돈을 합법적으로 털어갈 궁리만 한다. 아무튼 금융회사가 영문 이니셜을 회사 타이틀로 쓰는 게 대세다. 이를테면 KB는 국민은행, IBK는 기업은행, KDB는 산업은행의 영문 타이틀이다. 그렇다면 MG는 어느 금융회사가 쓰는 영문 타이틀일까?

은행은 아니다. 그렇다고 증권사나 종금사도 아니다. MG는 '마을'과 '금고'의 각 첫 자를 이니셜로 하고 있는 새마을금고의 영문 타이틀이다. 새마을금고, 이름부터 촌스럽다. 그리고 간판은 익숙하지만 거래는 자주 하지 않는 금융회사다.

우리는 대형 할인점에 진열된 상품 가격이 도매시장보다 비싸다는 것을 알면서도 대형 할인점을 자주 이용한다. 여기서는 거의 모든 상품을 원 스톱으로 쇼핑할 수 있고 주차가 편리하기 때문이다. 그러나 이 편리성으로 인해 과소비를 하기도 하고, 도매시장과 비교해서 구색이나 가격에서 한참 밀리는 상품을 높은 가격에 구매하기도 한다. 사실 대형 할인점의 상품 가격은 동네 재래시장이나 동네 수퍼만도 못한 경우가 허다하다. 특히 야채나 직접 만들어 파는 밑반찬 같은 경우는 절대적으로 재래시장 것이 가격도 싸고 맛도 좋다. 대형 할인점의 판매 가격에는 시설투자 비용, 건물구입 비용 등이 포함되기 때문에 가격이 높은 것은 어찌 생각하면 당연한 일이다. 중요한 것은 소비자의 선택이다.

대부분 은행은 땅값이 비싼 대로변에 위치하고 있다. 당연히 점포구입 비용이 높다. 그리고 직원들 인건비도 다른 업종에 비해 매우 높다. 문제는 은행 역시 대형 할인점처럼 쇼핑은 편리하지만 판매하는 금융상품의 경쟁력은 떨어진다는 점이다.

우리 식탁에 꼭 빠지지 않고 올라오는 반찬의 가격은 재래시장이 경쟁력이 있다고 말했다. 금융상품에서 항상 우리 상차림에 오르는 반찬은 무엇일까? 바로 예금, 적금상품이다. 그런데 마을금고는 이 예금, 적금상품의 경쟁력에서 은행보다 앞선다. 왜 그럴까?

첫째, 마을금고에는 어떤 회사들이 있는지를 우선 알아보자. 마을금고는 동네를 중심으로 영업하는 소규모 금융회사다. 마을금고에는 새마을금고 이외에도 단위농협, 수협과 신협(신용협동조합)이 있다. 우선 단위농협(수협)은 지역 내에 거주하는 조합원이 지역을 중심으로 결성한 독립채산제 법인으로, 이 단위농협이 출자해 만든 것이 농협은행 또는 농협중앙회라고 부르는 금융회사다. 농협은행은 일반은행과 마찬가지로 1금융으로 분류되는 은행이고, 단위농협은 2금융권으로 분류된다. 신협 역시 지역, 종교, 직장을 기초단위로 조합원이 출자해 조합을 결성해 만든 회사다. 새마을금고 역시 조합원이 상호이익을 도모코자 만든 금융조합이다.

이들 회사는 조합원 상호 간의 이익 확대를 설립 목적으로 삼는다는 점에서 상호금융회사이고, 조합 형태로 설립되기 때문에 협동조합이라고 할 수 있다. 여기서 잠깐, 협동조합은 우리가 일반적으로 회사라고 부르는 상법상의 주식회사와는 다르다. 주식회사는 주주의 이익을 위해 존재하지만 협동조합은 조합원의 상호이익을 위해 존재한다.

둘째, 마을금고의 예금에는 어떤 비밀이 숨어 있는지도 알아보자. 상호금융회사, 그러니까 마을금고에 조합원 자격으로 예금을 하면 3000만 원까지 이자에 대해 내는 세금이라곤 농특세 1.4%가 전부다. 보통 일반 금융상품의 경우 이자소득에 대해 15.4%의 세금을 부과하는 것과 비교하면 사실상의 비과세 혜택이 있는 것과 마찬가지다. 조합원 자격을 얻으려면 누구나 출자금 1만원만 내면 된다. 또 출자금 1000만원까지는 배당소득이 비과세되기 때문에 배당금을 합쳐서 4000만원까지 비과세 혜택을 받는 것이나 다름없다.

비과세 효과가 어느 정도의 경제적 효과를 갖는지에 대해 은행상품과 비교하면서 알아보자. 만약 여러분이 3% 금리로 각각 100만원씩 은행과 마을금고의 예금에 가입했다고 가정해보자. 이때 은행 예금은 만기에 3만원의 이자를 받는다. 그러나 금리가 같다고 해도 비과세되는 마을금고의 예금은 세금 공제 후를 비교하면 4950원의 이자를 더 받는다. 은행 예금보다 16.5%의 이자를 더 받는 금리인상 효과가 있는 것이다. 같은 금리로 예금을 해도 실제로 받는 이자는 마을금고가 은행보다 16.5%를 더 받는다는 것이다. 마을금고 예금에는 비과세 혜택이 주어지기 때문이다.

대출금리 1%를 줄이는 것과 예금금리 1%를 더 받는 것 중에 어느 쪽이 경제적으로 더 이익이 될 것이라고 생각하는가? 당연히 대출금리 1%를 줄이는 것이 이익이다. 예금금리는 1%라 해도 이자에 대한 세금 15.4%를 공제하면 실제 받는 이자는 1%가 되지 않는다. 그리고 대출이자로 매월 나가는 돈은 기회비용 측면에서 예금의 복리와 같은 것으로, 실제 복리로 계산한 대출이자는 표면금리보다 이자가 많이 나간다.

　대출을 잘 받는 방법에는 왕도가 없다. 신용이 낮거나 담보가 없는 사람은 주어진 여건에서 가능한 한 많은 금융회사와 접촉하여 대출 가능액과 부과 금리를 알아보고 유리한 조건을 제시한 금융회사와 거래해야 한다. 그런 점에서 동네에서 영업하는 마을금고는 좋은 대안이 될 수 있다.

단기 금융상품의
모든 것

　어느 분야나 마찬가지지만, 소위 전문가라고 자칭하는 그룹이 범하기 쉬운 오류가 "그들도 나처럼 알고 있다고 생각하고 자신의 눈높이에서 지식과 정보를 전달하려고 한다"는 것이다. 이 점에서는 나 역시 같은 오류를 범해왔다.

　어음이라는 단어도 일반 사람들에게는 외계어처럼 들릴 수 있다. 어음이라는 말이 일상적으로 쓰이는 건 아니기 때문이다. 그러나 이는 분명히 어렵고 쉽고의 문제는 아니다. 단지 익숙하지 않을 뿐이다. 어음과 관련한 내용이 특별히 어려운 건 아니다. 요즘 어음을 매개로 한 금융상품이 많아졌으니 이번 기회에 확실하게 알아두도록 하자.

　어음이란 기업이나 개인이 상거래를 할 때 물품 판매대금이나 용역 서비스의 대가로 받는 결제대금을 대신해 일정 기간이 지난 뒤 현금을 지급하기로 약속하는 유가증권이다. 하지만 어음은 꼭 상거래가 발생할 때만 발행하는 건 아니다. 기업이 단기 운용자금을 조달하기 위해 발행하기도 한다.

기업이 상거래가 수반된 대금결제용으로 발행하는 어음을 물품판매대금 결제어음이라 하고, 줄여서 물대어음 또는 진성어음이라고 부른다. 이에 견주어 기업이 자금을 조달하려고 발행하는 어음은 융통어음이라고 한다.

금융권에서 일해 본 사람이나 적어도 창업을 해서 실제 대금결제로 어음을 받아 본 사람은 어음에 대해 어느 정도는 이해한다. 그러나 이제 막 사회생활을 시작한 사회 초년생들이 알기에는 어음이 낯선 게 현실이다. 사회 초년생이 알고 있는 금융상품이라고는 은행 상품, 저축성 보험, 그리고 최근에 '핫하게' 부각된 CMA 정도가 고작일 것이다. 사실 대부분 사람이 알고 있는 금융상품도 이 범주를 그리 벗어나지 못한다. 그러나 알고 보면 금융상품의 세계는 넓고 투자할 곳 또한 많다. 그중 대표적인 단기 고수익 금융상품이 바로 '어음' 자가 들어간 금융상품이다.

자, 지금부터 어음 자가 들어가는 상품들에는 어떤 것이 있는지를 알아보도록 하자.

자유금리 기업어음(CP)

CP는 'Commercial Paper'의 이니셜이다. 이를 직역하면 상업어음이다. 그런데 '자유금리 기업어음'이라고 부르는 이유는, CP의 발행 주체는 기업으로 CP는 기업이 단기성 자금을 조달하기 위해 발행하는 단기 회사채의 성격을 지니고 있기 때문이다. 또한 기업어음 앞에 '자유금리'라는 수식어가 붙는 이유는, CP의 금리가 발행 시점의 발행 기업의 신용등급과 시장 실세금리의 변동에 따라 결정되기 때문이다.

CP는 매우 오래된 역사를 자랑하는 단기 금융상품으로, 한때는 단기 금융상품의 황제로까지 불리기도 했다. 이 상품은 IMF 외화위기 이전까지만 해도 연 10%가 넘는 고금리에 원금을 보장해주는데다 지급보증까지 되었기 때문에 안심하고 투자할 수 있었다. 그러나 외환위기를 거치면서 당시 CP를 중개하고 판매하던 수십 곳에 달하던 투자금융사(종금사의 전신) 부실화로 시장에서 퇴출당하는 과정을 거치면서 CP의 지급보증은 사라졌다. 따라서 CP는 물건의 금리만 보고 투자해서는 안 되고 발행기업의 안정성을 꼭 체크한 후 투자해야 한다.

최근에는 CP가 진화해 유동화 증권을 결합한 자산 유동화 기업어음(ABCP, Assert Backed Commercial Paper) 발행이 급증하고 있다. 아래는 이와 관련한 기사다.

"용산개발 시행사인 드림허브 프로젝트 금융투자 PFV에 따르면, 이 날 오전 9시까지 지급해야 할 자산 담보부 기업어음(ABCP) 만기연장을 위한 이자 59억원을 ABCP 투자자에게 납입하지 못했다. 이에 따라 유동성이 부족해진 시행사는 부도 처리됐다. 시행사가 부도를

맞으면 더 이상 사업을 추진할 수 없어 용산개발은 백지화될 수밖에 없다."〈아시아경제〉

ABCP는 유동화 전문회사(SPC, 특수목적회사로 부르며 일종의 페이퍼 컴퍼니를 가리킨다)가 매출채권, 리스채권, 회사채 등의 자산을 담보로 해서 발행하는 CP(자유금리 기업어음)다.

초보자가 이와 같은 신종 금융 상품의 내용을 일일이 다 이해하기는 어려울 것이다. 그러나 여기서 ABCP, ABS, SPC라는 용어는 꼭 기억해두기 바란다. 최근 금융권의 빅 이슈가 되고 있는 소위 그림자 금융의 대표적 상품이 특수목적회사(SPC)를 설립해 발행하는 자산 유동화 증권(ABS)인데, 이것이 투자자에게는 고수익 금융상품으로 저금리의 대안이 되고 있기 때문이다. 금융투자로 저금리를 돌파하는 도구가 되는 대표적인 금융상품은 기업이 발행하는 회사채, 자산 유동화 증권, CP, 주식 연계 채권이다. 이외에 다른 대안은 없다.

CP와 같이 고수익 상품으로 알려진 후순위 채권(후순위 채권은 일반적 채권이 아니라 자산 유동화 증권에 해당한다)에 투자한 사람들이 저축은행 파산으로 투자금을 돌려받지 못해 사회문제로까지 비화된 것도 이와 비슷한 사례다. 이들 상품의 공통점은 상대적으로 고금리를 주는 상품이지만 예금자 보호가 안 된다는 것이다. CP, 후순위 채권, 회사채 등 기업이 발행하는 고수익 상품은 모두 예금자 보호 대상 상품이 아니다. 따라서 지나치게 고금리에만 현혹되어 투자하다가는 원금손실이 언제든 발생할 위험의 소지가 있다.

은행이 거래실적과 연체 사실을 따져 개인의 신용등급을 나누는 것과 같이 기업도 신용상태에 따라 등급을 18개로 나누어서 차등을 둔다. 보통 기업이 발행하는 CP, 회사채, 후순위 채권의 등급은 BBB- 이상을 투자 적격 채권으로 분류한다.

그런데 요즘 이 기준이 모호해졌다. 기준보다 더 좋은 A등급의 채권마저도 이를 발행한 중견건설사 파산으로 부실화되는 경우가 종종 있기 때문이다. 그래서 기업의 신용등급은 물론 투자 시점의 발행기업의 재정 상태를, 명동에서 기업어음을 중개하는 사무실에서 역으로 추적하는 방법 등을 통해 반드시 확인한 후 투자를 해야 한다. CP는 앞서 말한 대로 기업이 단기성 자금을 조달하기 위해 발행하며, 이를 종금사가 중개하여 증권시장에 유통시킨다.

CP 상품에 대한 이상의 설명이 금융 초보자가 이해하기에는 충분치 않았을 것이다. 그리고 어렵기도 했을 것이다. 그러나 CP는 단기 금융상품의 핵심이므로 꾸준히 관심을 가져야 하는 상품이다.

발행어음

발행어음은 종금사가 자기자본을 기초로 해서 자체 발행하는 것이다. 발행어음의 장점은 예금자 보호 대상이 되고, 1년 이상을 발행어음에 투자하는 경우 정기예금의 단리식처럼 매월 이자를 수령해 생활비로 쓸 수 있다는 점이다.

참고로 알아둬야 할 것은, 목돈을 투자해 일정 기간마다 이자를 지급하는 상품에는 발행어음, 정기예금 이외에도 회사채, 후순위 채권, 국고채가 있다는 사실이다. 따라서 고정금리 상품에 일정 기간 투자해 발생하는 이자를 수령해 생활자금으로 쓰려는 사람은 꼭 정기예금만을 고집할 이유가 없다.

정기예금과 발행어음 중 어떤 것이 더 유리한가를 가르는 것은 투자 시점의 금리다. 금리만 높다면 정기예금과 발행어음은 둘 다 예금자 보호 대상 상품이므로 어떤 것을 선택하든 안정성에는 문제가 없다.

표지어음

기업은 물건이나 서비스를 제공한 후 그 대금을 반드시 현금으로 받는 것은 아니다. 일정 기간 내에 대금 지급을 약속하는 어음을 받는 경우도 많다. 이 경우 기업은 운전자금을 조달하기 위해 어음을 어음 만기일 전에 할인해야 할 경우가 생긴다. 이때 은행은 기업이 상거래를 통해 받은 어음이라고 해서 무조건 할인해주지 않는다. 기업이 상거래 대금으로 받은 어음의 할인을 은행에 의뢰하면, 은행은 그 어음이 한국은행 재할인 적격어음에 해당되느냐 아니면 기업의 은행 할인 한도에 여력이 있느냐에 따라 어음 할인 여부를 판단한다.

재할인 적격 대상 어음이 아닌 경우에는 신용보증기금의 할인보증서가 첨부되어야만 할인이 가능하다. 그것도 무한정 해주는 게 아니라 전년도 매출을 기준으로 정해진 할인 한도 이내에서만 가능하다.

여기서부터 문제가 시작된다. 상거래를 통해 그 대금으로 받은 어음은 많다. 그런데 은행에서는 할인이 안 된다. 이 어음을 할인해 운전자금을 조달하지 않으면 소위 말하는 흑자 부도가 발생하게 생겼다. 기업 입장에서는 이를 어떻게 해결해야 할까?

보통 금융권에서는 '어음 할인 팩토링' 이라고 해서 한국은행의 재할인을 전제로 하는 어음 할인과 구분한다. 이 어음 할인 팩토링 금융 서비스는 은행뿐만 아니라 저축은행과 종금사에서도 하고 있다. 어음 할인 팩토링이라고 해서 상거래로 받은 어음을 무조건 다 해주는 건 아니다. 신용도가 떨어지는 기업으로부터 받은 어음은 담보가 필요하다.

어음 할인 팩토링으로 전도금융(대출의 의미와 같음)을 제공하고 금융회사가 어음을 보유함으로써 금융회사는 어음 만기일까지 자금이 묶이는 결과를 초래해 유동성 압박을 받게 된다. 이 문제를 해결하기 위해 금융회사가 어음 할인 팩토링으로 전도금융을 제공하고 받은 어음을 기초자산으로 해서 발행하는 것이 '표지어음' 이란 상품이다. 형식은 다르지만 자산 유동화 증권과 같다고 할 수 있다. 자산 유동화 증권 역시 기업이 보유 중인 채권, 신용을 담보로 해서 발행된다.

이런 과정을 통해 금융회사 입장에서는 어음 만기 전에 자금을 회전할 수 있게 되고, 고객은 이렇게 탄생한 고금리 단기 상품에 투자할 수 있다. 서로 좋은 일이다.

여기까지 설명한 내용을 이해하지 못하는 사람도 많을 것이다. 당연하다. 금융권 직원들 중에도 잘 모르는 사람이 많다. 다만 지금

부터라도 관심을 가지고 자료를 찾고 들여다보면 누구나 이해할 수 있다. 물론 금융지식을 익히는 가장 좋은 방법은 직접 해당 상품에 투자를 해보는 것이다. 여기서 아무리 채권이 좋다고 해도 문자로만 봐서는 머리로는 이해해도 실제 경험이 결여됐기 때문에 피부에 와 닿지는 않을 것이다.

최근의 금융상품을 주도하는 것은 은행권을 중심으로 판매되는 전통적인 금융상품, 이를테면 정기예금, 정기적금, 신탁형 상품 등이 아니다. 기업과 금융회사가 보유 중인 다양한 형태의 매출채권을 담보로 해서 이를 증권화시켜 판매하는 상품이 고수익 금융상품 시장을 주도하고 있다. 여러분도 이들 상품의 내용을 빨리 이해하고 이를 투자와 연계시키기를 바란다.

앞에서 언급했듯이 저금리를 뛰어넘어 10%까지도 거의 확실하게 수익률 예측이 가능한 상품은 기업이 발행하는 CP, ABS, 주식연계 채권과 부동산 시장에서의 소형 임대 오피스텔밖에는 없다. 따라서 여러분은 이 상품들에 대해 공부하고 여기에 투자를 집중해야 한다.

금융상품 타이틀에 어음 자가 붙는 상품은 대부분 1년 이내 단기 투자 상품으로 단기 여유자금을 활용하는 데 유리하다. 은행권의 일반 계정 상품과 비교할 때 금리가 높다는 뜻이다. 어음 자가 붙는 대표적인 단기 금융상품이 발행어음, 자유금리 기업어음이라 부르는 CP, 표지어음, 자산 유동화 기업어음인 ABCP, 진성어음(기업이 상거래 결제대금으로 받은 어음으로, 기업의 자금운용과 관련해 명동 사채시장에서 거래된다. 개인도 투자할 수 있다. 이 경우 아무래도 증권사를 통해 거래하는 것보다는 더 높은 수익을 얻는다) 등이다.

여러분 중 이 상품들에 직접 투자해본 경험이 있는 사람은 거의 없을 것이다. 이는 우리의 금융거래가 대부분 은행권, 보험사 중심으로 이뤄지는 것이 습관화되어 있기 때문이다. 그러나 정말 돈 되는 금융상품은 기업의 단기자금을 중개하는 종금사, 증권회사가 유통시키는 회사채, 단기 유가증권, 자산 유동화 증권 상품 등이다.

은행 내내DA보다 0.1% 이상의 단기여유자금 투자. 내용은 알고 나면 어렵지 않다.

은행의 수시입출식 예금인 MMDA보다 적어도 0.1% 이상 많게는 1%이상 금리를 더 받겠다면 CP, 발행어음 등 실제금리가 적용되는 단기증권 상품에 투자하면 된다.

수시 입출금상품 CMA가 좋은 이유

옛날 우리가 못살던 시절에는 미제라면 양잿물도 먹는다는 말이 있었다. 그러나 이제는 미제 수입품 중에 인체에 치명적인 해를 끼치는 양잿물 같은 상품이 많다. 최근에 문제가 됐던 미국산 금융상품 중에서 미국에서 투자자가 민사소송을 가장 많이 하는 상품이 변액 보험 관련 상품이다. 이 상품은 구조적으로 판매회사에 절대적으로 유리하게 설계된 상품이다.

하지만 이런 투자형 상품에만 문제가 있는 게 아니다. 물론 이보다는 문제의 심각성이 크지는 않지만 은행에서 판매되는 보통예금으로 알고 있는 수시 입출금식 상품인 MMDA에도 문제가 있다.

MMDA는 'Money Market Deposit Account'의 약어다. 이것을 해석이나 제대로 할 수 있는 사람이 몇이나 될까. 상품 이름이 이렇게 복잡한 것을 보면 뭔가 다를 것이라는 느낌이 확 온 다. 이 상품은 고객의 예금 잔고에 따라 금리를 차등 적용하는 등 예금이 많은 사람에게 특혜가 집중되는 상품이다. 기존의 보통예금보다 못하다. 금융상품이 외국산으로 대체되면 이런 식으로 순기능보다 역기능이 많은 게 대부분이다.

이런 MMDA의 대체상품이 바로 CMA다. 그나마 CMA는 수입 금융상품 중에서 나름 유용성을 갖고 있다. CMA는 최근 들어 금리가 급격히 낮아지고 종금사, 증권사의 마케팅이 활발해지면서 수시 입출금식 상품으로 부각되고 있다. 그러나 CMA를 판매하는 종금사(투금사 전신)가 수십 곳에 달하던 1990년대에 이미 금융권 종사자들은 이것을 활용가치가 높은 상품으로 인식하고 있었다.

지금까지 급여이체 통장, 수시입출금 예금을 대표하는 상품은 은행의 보통예금(MMDA라고 함)이었다. 그런데 은행의 보통예금은 소액 예금에 대해서는 거의 이자를 지급하지 않는다. 예전에는 인터넷 뱅킹이 활성화되지 않아, 거래가 불편했던 저축은행에 직접 가서 저축은행의 보통예금 통장을 만드는 사람이 많았던 것은 저축은행 보통예금이 은행보다 높은 금리를 지급했기 때문이다.

최근에는 금융상품의 금리가 낮다. 낮아도 너무 낮다. 이러니 7년을 가입해야 비과세 혜택이 주어지고, 중도에 해지하면 벌칙 조건도 아주 나쁘며, 그것도 표면금리가 일반 적금금리보다 겨우 1% 높을 뿐인 신재형저축에 돈이 몰린다. 그러나 이 상품은 3년 동안만 고정금리를 보장한다. 앞으로 금리가 더 떨어진다면 단기로도 가능하고 세금우대와 비과세가 되는 통장으로 저축하는 것이 훨씬 유리해진다.

물론 CMA에 가입했다고 해서 갑자기 높은 금리가 제공되는 건 아니다. 다만 CMA를 모 계좌로 해서 투자하면 증권사의 고수익 채권 상품에 익숙해질 수 있기 때문에 금융 전반에 대한 이해가 깊어지는 효과를 기대할 수 있다. 이 점이 CMA를 급여이체 통장이나 수시 입출금 예금으로 추천하는 이유다.

CMA는 고객이 투자한 돈을 시장 실세금리 상품인 발행어음, RP, CP 등으로 운용해 단 하루를 맡겨도 상대적으로 금리가 높다. 또 CMA를 모 계좌로 해서 종금사, 증권사의 다양한 고수익 상품에 투자할 수 있는 이점이 있다.

금융 자유화가 이루어지기 전인 1990년대 중반까지 우리나라는 관치금융의 시대로, 정부가 금융회사의 금융상품 금리까지 확실히 교통정리를 해주었다. 관치금융이 시장의 유동성까지 통제하다 보니 항상 시장에서 자금 수요보다 공급이 부족한 자금 부족 상태가 계속됐다. 자금을 필요로 하는 곳은 많은데 자금 공급이 적다면 금리는 어떻게 되겠는가? 당연히 오르게 되어 있다. 그러나 정부가 시장금리를 통제하다 보니 증권시장에서 형성되는 시장 실세금리와 공금리 간에 차이가 많이 벌어지는 결과가 빚어졌다.

예를 들어 정부는 투금사에게 CP를 발행하는 기업에게 15%의 금리 이상은 받지 못하도록 강제했는데, 당시 투금사가 조달하는 금리는 20%에 가까웠다. 투금사는 정부가 정해준 금리 가이드를 따를 경우 역마진이 발생하게 된다. 그렇다면 투금사는 대출을 안 하는 것이 낫다. 돈 장사도 장사인데, 손해를 보면서까지 장사를 할 수는 없는 노릇이다. 꺾기는 금융회사가 대출을 해줄 때 대출금의 일정액을 저금리 상품에 강제로 예금하게 함으로써 예금금리와 대출금리 차이에서 발생하는 예대 금리 차이를 보존받기 위해서 하는 행위다.

투금사의 꺾기로 주로 활용되던 상품이 바로 CMA다. CMA는 예전에 어음관리 계좌로 불렸지만, 현재는 판매회사마다 다양한 버전의 이름으로 바꿔 부르고 있다. CMA를 어음관리 계좌라고 불렀던 것은 CMA의 자산운용의 기초자산이 CP, CD, 표지어음 등과 같은 기업 발행 유가증권을 매개로 해서 발행되기 때문이다.

발행어음 CMA와 RP형 CMA

현재 판매되는 CMA에는 두 가지 버전이 있다. CMA는 발행어음 CMA와 RP형 CMA로 구분되어 판매된다. 사실 이 둘의 차이는 별 의미가 없다. 그러나 알아두면 금융상식을 넓힌다는 측면에서 도움이 된다.

발행어음 CMA는 자산운용의 주 수단을 발행어음으로 한다는 의미다. 발행어음이 예금자 보호 상품이라는 것은 여러분도 알 것이다. 따라서 단순하게 생각하면 고객의 돈을 발행어음으로 운용해 그 수익률을 돌려주는 발행어음 CMA 역시 예금자 보호가 되는 상품이 되는 것이다. 발행어음 CMA는 종금사 계정 상품이다.

RP형 CMA는 발행어음 CMA와 같은 논리의 연장선에서 자산운용의 기초자산이 환매조건부채권인 RP이기 때문에 RP형 CMA라

부른다. 굳이 이 둘을 비교하자면, 발행어음 CMA는 예금자 보호가 되고 RP형 CMA는 예금자 보호 대상이 아니다.

그런데 CMA에 가입하는 경우, 사실 예금 보호가 되고 안 되고 여부는 중요한 선택 기준이 아니다. 왜냐하면 RP형 CMA도 그 기초 자산이 증권사가 보유 중인 우량 채권을 담보로 하기에 부실화될 가능성이 거의 없기 때문이다. 그러므로 CMA는 판매회사의 서비스 내용과 편의성 중심으로 평가한 뒤 선택하는 게 올바른 방법이다.

RP와 MMF에 대한 이해

RP와 MMF 두 상품 모두 대중에게 익숙한 상품은 아니다. 그러나 기업들은 대개 사내에 쌓아둔 적립금을 단기로 운용할 때 보통 이 상품들을 활용한다. 최근에는 저금리 탓에 고액 예금을 일시 예치하는 경우 이 상품들을 이용하는 사람이 늘고 있다.

RP는 경과 기간에 따라 확정금리를 지급하고, 증권사가 보유 중인 국공채, 특수채, 회사채를 담보로 해서 재 환매를 조건으로 발행되는 단기 금융상품이다. RP는 채권을 실물로 거래하는 게 아니라 증권사가 한국은행에 예치하고 있는 채권을 담보로 하여 발행하는 것이므로 안정성에 문제가 없다. RP는 1998년 7월 25일 이후 발행분부터 예금자 보호 대상에서 제외됐다.

여기까지가 RP라는 상품에 대한 설명이다. 초보자는 무슨 말인지 이해하기 어려울 것이다. 그런데 이 상품을 이해하는 열쇠는 상품명에 다 나와 있다. RP는 'Repurchase Agreement'의 약어다. 그러니까, 증권사가 한국은행에 예치 중인 국공채, 특수채, 회사채를 담보로 해서 판매하는 단기 투자 상품으로, 기간별 차등 고정금리가 제공되는 상품이라고 이해하면 된다.

MMF는 'Money Market Fund'의 약어로, 일반적으로 단기 금융상품으로 부른다. MMF는 고객의 돈으로 주로 금리가 높은 CP, 콜자금 등에 투자하여 그 수익률에 따라 이득을 주는 실적 배당형 상품이다.

MMF의 투자 장점은 가입 금액에 아무런 제한이 없고, 하루만 거래하고 환매를 해도 환매 수수료가 붙지 않아 수시 입출금 통장으로 활용할 수 있다는 점이다. 또한 MMF는 만기가 따로 없기 때문에 언제 쓸지 모르는 일시적 여유자금을 적립할 때 유리하다.

정리해서 말하면, MMF는 가입 및 환매가 청구 당일에 즉시 이뤄지므로 자금 운용에 전혀 불편함이 없고, MMF에 편입된 채권에 대해서는 채권 시가 평가제의 적용을 받지 않기 때문에 시장 실세금리의 변동과 무관하게 안정적인 수익률을 기대할 수 있다. 현재 MMF는 신종 MMF와 클린(clean) MMF로 구분해서 판매되고 있다.

신종 MMF는 언제든 환매가 가능하며 클린 MMF는 가입 후 1개월이 경과한 후부터 환매가 가능하다. 신종 MMF와 클린 MMF는 환매조건이 다른 것 외에도 편입되는 채권의 신용등급 차이로 구분된다. 즉, 신종 MMF는 BBB- 등급 이상이면 편입 대상 채권의 조건을 갖추게 되지만, 클린 MMF의 경우는 A- 등급 이상의 채권만 편입하게 되어 있다.

만약 편입 채권의 신용등급이 BBB+ 이하로 떨어지게 되면 그 채권은 1개월 이내에 처분해야 한다. 이 두 가지 유형의 MMF 가운데 수익률은 아무래도 고위험 채권에 주로 투자하는 신종 MMF가 높다. 자신의 투자 마인드가 안정보다는 수익에 중점을 두고 있다면 신종 MMF를, 그 반대라면 클린 MMF를 선택하는 게 좋다.

단기 금융상품으로 MMF, RP, CMA 등은 다 좋은 상품이다. 이들 상품은 예금자 보호가 되지 않아도 대부분 우량 회사채, 단기 유동성 상품에 투자하기 때문에 원금손실 가능성이 거의 없다. 특히 CMA는 급여 이체 통장으로 활용할 수 있고, 이를 모 계좌로 이용하면 증권사의 다양한 고수익 상품에 투자할 기회가 많아진다.

카드론 현금 서비스
사채는 안 쓴다고 전해라

우리나라의 음식점은 인구 68명당 1개일 정도로 포화상태다. 창업전문가들은 음식점으로 창업해서 성공하는 비법이 무엇인가에 대해서 말하기를 대부분이 자신의 건물을 가지고 사업을 하는 사람들이라고 말하고 있다.

음식의 맛은 시간이 지나면 좋아지게 되지만, 매월 남의 건물을 임차해서 사업을 하면 사업이 활성화될수록 임대비용이 높아져, 고정비를 감당할 수 없어 대부분 망한다는 것이다.

재테크도 똑같다. 은행 예금이자의 10배가 넘는 대출상품을 상시적으로 이용하면서 부자가 될 수는 없다.

창업을 꿈꾸거나 이미 사업을 하고 있는 사람이 반드시 알아야 할 것이 팩토링 금융이다. 나아가 각종 매출채권 회사 보유의 유가

증권을 활용해 자금을 융통하는 것에 대해서도 해박한 지식을 갖추어야 한다. 사업을 하는 사람이라면 모두 공감하는 얘기는, 결국 사업은 자금이 한다는 것이다. 돈이 많다면 왜 사업을 하겠는가. 사업이 정상궤도에 들어서기까지 사업자금 압박은 누구에게나 늘 발생하는 일이다. 이때 유용하게 써먹을 수 있는 것이 바로 금융기술이다.

저축은행이 한때 기업금융 분야에서 은행 이상의 경쟁력을 가졌던 이유는, 저축은행이 중소기업을 대상으로 하는 팩토링 금융 분야에서 경쟁력이 있었기 때문이다. 저축은행은 지점 증설이 어려운 구조 탓에 개인을 대상으로 하는 소매금융으로는 규모의 경제를 실현할 수 없었다. 잘나가는 저축은행 지점들이 기업금융에 '올인'한 이유가 여기에 있다.

기업이 저축은행과 거래하면 좋을 게 없다. 대출금리도 높은데 말이다. 그럼에도 기업이 저축은행과 거래를 한 데에는 그럴 만한 충분한 이점이 있었기 때문이다. 저축은행은 우선 기업의 매출채권을 담보로 하는 팩토링 금융을 매우 탄력적으로 운용해 다양한 금융 서비스를 제공했다. 그 중심에 있던 금융 서비스가 바로 팩토링 금융이다.

팩토링 금융이 낯설게 느껴지는 사람은 할부금융을 생각하면 된다. 할부금융은 팩토링 금융의 하나다. 할부금융은 고가의 물건을 일정 기간을 두고 분납하는 조건으로 구매하는 데 필요한 자금을 지원하는 금융을 말한다. 이런 할부금융의 다른 이름이 팩토링 금융이라고 생각하면 된다.

여기서 팩터는 할부금융 업무를 취급하는 모든 회사를 말한다. 캐피털, 할부금융사, 카드사(은행카드, 카드 전업사 모두 포함)가 모두 포함되는 개념이다.

따라서 팩토링 금융이란, 금융회사(팩터)가 기업(개인사업자 포함)이 보유하고 있는 매출채권(확정채권, 미확정채권)과 유가증권(진성어음, 주식, 채권 등)을 담보로 해서 채권의 만기일까지 이를 담보로 전도금융을 제공하는 금융 서비스라고 할 수 있다.

팩토링 금융은 다양한 금융 서비스를 받을 수 있는 장점이 있다. 예를 들어 기업이 보유하고 있는 유가증권을 담보로 해서 대출을 받을 수도 있고, 또 유가증권을 담보로 그 한도 내에서 융통어음(상거래가 수반되지 않는 자금을 융통하기 위해 발행하는 어음)을 자금이 필요할 때마다 할인해 운전자금을 조달할 수 있다. 이렇게 하면 불필요한 금융비용을 줄일 수 있어 기업의 현금 흐름을 탄력적으로 운용하는 데 도움이 된다.

구체적인 사례를 한번 살펴보자. 여기 A기업이 있다. A기업은 도매 유통을 전문으로 하는 회사다. 매출 규모는 50억원 정도로 거래회사는 대부분 지역에 총판을 갖고 있는 도매상들이다. 거래 방식은 위탁 판매로 매월 판매량을 예상해 대금결제가 이뤄지는데, 대금의 80% 이상이 진성어음(상거래로 받게 되는 물품 판매대금 어음을 말하며 물대어음이라고도 한다)으로써 어음 만기는 보통 3개월 이상이다.

문제는 회사 운전자금을 확보하기 위해서는 받은 진성어음을 할인해야 하는데, 업종이 서비스업으로 분류되기 때문에 은행에서 할인을 받기가 어렵다는 점이다. 물론 신용보증기금의 할인보증서를 받아서 할인하는 방법이 있긴 하다. 하지만 서비스업종에 대한 신용보증기금의 할인보증은 한도가 제한되어 있다. 그래서 금리가 높더라도 어음 팩토링 할인을 해서 운전자금을 마련하고 싶은데, 거래회사들이 상장회사도 아니고 규모가 작은 영세업체다 보니 신용으로 할인을 해주는 곳이 없다. 사채는 할인금리가 너무 높아서 활용하기 힘들다.

이런 고민은 소기업 사장이라면 누구나 한다. 이 경우 회사 대표의 개인담보가 있으면 대표의 담보물을 맡기고, 담보 물건의 대출가능액 한도 내에서 할인을 하면 된다. 그러나 이런 정도의 담보물건이 있다면 무슨 걱정을 하겠는가? 물론 있으면 좋겠지만 말이다.

바로 이런 경우에 어음을 금융회사에 수탁하고 자금이 필요할 때마다 회사의 융통어음을 담보 내 할인 형식으로 어음 팩토링을 이용하면 어음 전체를 할인할 때 부담해야 하는 이자를 대폭 줄일 수 있다. 또한 담보가 없는 경우에도 어음을 수탁하고 수탁어음의 전체 신용을 평가해서 일정 비율 내에서 자금을 융통할 수 있다. 꼭 이런 경우가 아니더라도 장부상에 매출채권이 있으면 이를 활용해 운전자금을 확보할 수 있다. 사업을 꿈꾸는 30대라면 금융에 정말 능통해야 한다. 거듭 말하지만 사업은 결국 돈이 하는 것이기 때문이다.

이외에도 팩토링 금융을 활용하면, 미확정 채권(용역 서비스의 기간이 종료되지 않아 결제가 되지 않은 채권)도 발주처(원청회사)가 채권 양도양수인계서에 날인을 해주면 이를 금융회사에 제출하여 결제금이 확정되기 전에라도 전도금융을 제공받을 수 있다.

유통업, 건설업, 광고업을 하는 사람이 특히 반드시 알아야 하는 금융기술이 팩토링 금융이다. 이들 업종은 제조업에 비해서 받을 채권의 활용도가 매우 낮다. 일례로 제조업은 받을 어음의 대부분을 은행의 어음할인을 통해 운전자금으로 활용할 수 있다. 반면에 유통, 건설, 광고 쪽 기업이 받을 어음은 은행의 재할인 적격 어음 대상에서 제외되는 탓에 보증기금의 할인보증서를 첨부하거나 팩토링 금융으로 어음할인을 해야 한다.

참고로, 팩토링 금융은 신용대출이나 마찬가지이기 때문에 아무 어음이나 팩토링 금융에 해당하는 것은 아니고, 일정한 신용등급 이상의 기업이 발행한 어음만 그 대상이 된다. 물론 보증기금의 할인보증서가 첨부되는 경우에는 진성어음에 한해서, 그리고 보증서 한도 내에서 모두 할인이 가능하다.

팩토링 금융은 채권 만기일까지 은행이 어음을 보유하고 이를 담보로 전도금융을 제공하는 일종의 대출 상품으로, 할인 금리가 높다. 하지만 재할인 적격어음은 은행이 어음을 할인해준 후 바로 한국은행에서 재할인하면 자금의 리볼빙(회전)이 즉시 가능하다.

팩토링 금융은 어음할인처럼 확정 채권에만 해당되는 것이 아니다. 공사가 진행 중이거나 서비스, 용역이 진척된 정도에 따라 미확정 채권을 이용해서도 전도금융을 받을 수 있다. 팩토링 금융은 종금사, 저축은행 법인영업부에서 주로 취급한다.

유통업, 건설업, 광고업, 서비스업을 하는 사업자는 정부의 정책자금 지원에서 제조업에 비해 열악한 위치에 있다. 다음의 내용을 중심으로 자금운용을 해나가기 바란다.

회사의 자금이동 상황을 정확하게 기록하라. 보증기금의 보증서를 최대한 이용하려면 그 근거가 있어야 한다. 보증기금은 결산기의 재무제표 상에 나타난 재무항목을 평가해 이를 기준으로 보증서 한도를 결정한다. 여기서 근거가 명확치 않으면 보증기금을 이용해 저리로 신용자금을 구하기 어렵다.

마을금고 통장을 예비로 만들어두는 것도 괜찮다. 왜냐하면 마을금고는 각각 독립채산제로 경영되는 별도 법인이어서 은행처럼 일괄적으로 통장 가압류를 하기 어렵다. 중소 사업자는 항상 만약의 경우를 대비하는 자금 관리가 필수다.

사업을 한다는 것은 그 규모에 상관없이 불확실한 미래에 도전하는 것이다. 그래서 위험은 숙명적이다. 이 불확실성은 자금 관리에도 필연적으로 따른다. 사업을 하다 보면 예기치 않게 자금운용에 어려움을 겪기 마련이다. 어떤 이유에서든 갑자기 매출이 곤두박질치는데, 나가야 하는 고정비는 그대로다. 이런 경우 운영자금을 사업을 통해 조달하지 못하기 때문에 금융권의 자금 지원을 받아야 한다. 그런데 매출 하락과 동시에 신용등급마저 떨어지면 주거래 은행조차 신규 대출에 난색을 표하는 것이 일반적이다.

사업을 하다 보면 이런 일은 수시로 찾아온다. 그러나 이런 이유 때문에 사업을 접을 수는 없다. 사업을 하면서 부딪치게 되는 어려움은 극복해야 되는 것이지 그 때문에 사업을 포기할 수는 없는 노릇이다.

다행히 은행에서 어음할인이 거절된 '받을 어음'을 갖고 있다고 해보자. 은행에서 어음할인이 안 된다니 다른 곳에서라도 할인해 운전자금을 조달해야겠는데, 소위 제도권이라고 하는 금융권에서는 어음할인을 해주는 데가 없다. 이런 처지에 놓인 사람이라면 비(非)제도 금융권인 사채시장에서라도 어음할인을 하여 자금에 숨통을 터야 한다.

자금 흐름이 정상적이라면 누가 이런 걱정을 하겠는가. 하지만 자금이라는 것이 꼭 필요한 시점에 구할 수 있는 것도 아니고, 그래서 사업을 살리려면 고금리인 줄 알면서도 사채를 이용할 수밖에 없는 경우가 있다. 이런 처지에 몰렸다면 사채의 생리를 잘 알고 대처하는 것이 필요하다. 그런 점에서 사채는 사업하는 사람에게는 필요악이다.

사채란 소위 제도 금융권이 아닌 민간 부문에서 돈거래를 하는 영역을 말한다. 사채 하면 떠오르는 게 고리 대금이다. 이에 대해서는 돈을 빌리는 입장과 빌려주는 입장 사이에 커다란 인식 차이가 있다. 물론 정부가 정한 이자 상한선을 지키지 않고 서민을 등치는 불법 사채업자는 공공의 적이다.

하지만 정상적으로 이자 상한선을 지키는 사채업자는 사채이자가 높은 것을 당연하게 여긴다. 왜냐하면 사채시장에서 돈을 빌리는 사람은 대부분 신용등급이 낮아 제도권에서는 돈을 빌리지 못하는 사람이기 때문에 대출금 회수율이 낮고 채권 관리에 드는 비용도 상대적으로 높아 높은 이자를 받을 수밖에 없다고 생각하는 것이다. 반면에 돈을 빌리는 사람 입장에서는 은행의 대출금리와 비교해 최고 10배 이상 높은 금리는, 아무리 아쉬워서 돈을 빌린다지만 매우 부당한 일로 여겨진다.

본래 사채시장은 지금처럼 고금리로 개인을 등치는 악덕 사채업자만 있는 곳이 아니었다. 10년 전만 하더라도 사채시장은 제도금융의 손이 미치지 못하는 곳에서 나름 일정 부분 순기능적 역할을 했다. 이와 관련해 사채시장이 큰 역할을 해왔던 곳이 기업의 받을 어음(진성어음)을 중개하는 명동의 어음중개소였다.

여기서는 은행권에서 할인 한도가 부족하거나 받을 어음의 신용도가 떨어져 어음 할인으로 자금을 조달하기가 어려운 기업과 개인 투자자를 연결시켜주었다. 이 방법을 통해 개인 투자자는 상대적으로 고수익을 올릴 수 있었고, 기업은 상대적으로 높은 금리지만 운전자금을 조달해 기업경영에 요긴하게 사용했다.

이 시장의 특징은 받을 어음의 금리가 기업의 신용을 기초로 해서 매우 과학적이고 합리적으로 체계화되어 있다는 점이다. 개인을 대상으로 고금리로 대출하는 지금의 대부업체와는 완전히 다르다. 특히 금융 자유화 이전까지는 만성적인 자금 부족으로 소위 3불 시대(금리, 기간, 금액을 불문하고 무조건 자금을 구하고 본다는 뜻)에 자금 조달에 갈증을 느끼던 기업에게는 사막의 오아시스 같은 역할을 했다.

명동 어음시장에서는 신용으로 어음할인이 이뤄지므로 이곳에서는 거의 모든 유가증권, 코스닥 상장기업의 재무현황을 실시간으로 파악하고 있다. 따라서 여기서 어음할인이 되지 않는 어음을 발행한 기업은 역으로 재무현황이 매우 심각한 처지에 몰렸다는 것을 의미한다.

만약 여러분이 증권사를 통해 고수익을 노리고 투기 등급에 가까운 BB-, BBB 등급의 회사채, ABS(자산 담보부 증권), CP 등에 투자한다고 할 경우 아무래도 발행기업의 위험을 측정하는 것에는 한계가 있다. 이런 경우 명동의 어음중개사무소에 마치 투자하는 것처럼 전화해 해당 기업의 어음이 현재 시장에서 유통되는지, 금리는 어느 정도인지를 체크한 후 투자하면 위험을 줄일 수 있다.

지금이야 사채가 서민을 등치는 악마의 금융으로 전락했지만, 내가 실무에서 한창 일하던 시기만 해도 사채시장(기업금융을 주로 하던 명동 사채시장)은 제도금융이 못하는 보완재 역할을 하는 순기능적인 면이 있었다. 사채 시장은 신용으로 어음을 취급하기 때문에 유통되는 어음의 발행기업 신용도 체크가 매우 과학적이고, 그에 따라 위험 가중치를 매겨 금리를 결정했다. 그래서 우리 법인 영업부 근무자들조차 특정기업의 신용상태를 사채시장을 이용해 알아보는 것이 관례였을 정도다. 이 기능은 아직까지 살아 있어 지금도 유효하다.

만약 여러분이 투자하고 있는 투기 등급의 회사채, CP, 코스닥 시장 상장법인의 리스크가 궁금하다면 이들 사무소에 문의해 알아보는 것도 하나의 방법이다.

부도나는 기업 미리 아는 법

'흑자 부도'란 말을 들어본 적이 있을 것이다. 장부상으로는 흑자가 분명한데도 예기치 않은 일로 회사가 파산하는 경우를 흑자 부도라 한다. 회사가 흑자 부도가 나는 데에는 많은 이유가 있을 수 있다. '미필적 고의'라고 사주가 일부러 부도를 내는 경우도 있다. 그러나 중소기업 사주 가운데 고의로 부도를 낼 정도로 도덕적으로 문제가 있는 사람은 거의 없을 것이다. 그렇다면 왜 중소기업이 흑자 부도가 나는 걸까.

중소기업이 흑자 부도를 내는 것은 필시 거래회사의 파산으로 인해 매출채권이 부실화됐기 때문일 것이다. 중소기업은 자체 브랜드로 시장을 개척하든 아니면 대기업에 생산품을 납품하든 또는 대기업의 용역을 받아 회사를 운영하는 기업이든, 거래처가 파산하면 연쇄적으로 회사경영 상태에 커다란 악영향을 미치게 된다. 특히 대기업에 매출의 거의 대부분을 의지하는 회사는 대기업 파산이 바로 부도로 연결된다.

건설업이나 광고업을 하는 작은 회사는 대부분 대기업으로부터 하청을 받아 일을 한다. 대기업과 거래하는 회사들은 대개 일의 진행 정도에 따라 결제를 받게 되는데, 이때 현금으로만 결제를 받는 것이 아니라 받을 어음으로 결제 받는 비율이 높다.

만약 여러분이 종합 건설회사의 일을 맡아서 하는 전기공사 하도급 회사를 운영한다고 가정해보자. 그리고 공사대금의 거의 대부분을 받을 어음으로 결제 받는다고 하면 받을 어음이 만기일이 되어 현금화되어야만 비로소 운전자금을 확보할 수가 있다. 그런데 받을 어음의 만기일이 되기 전에 원청회사가 파산이라도 하면 그 받을 어음은 곧바로 휴짓조각이 되어버린다.

단종회사라 불리는 건설전문회사들은 대부분 받을 어음을 만기일 전에 어음할인을 하여 운전자금을 조달하면서 회사를 운영해나가는 게 일반적이다. 그런데 받을 어음이 만기일 전에 원청회사의 파산으로 휴짓조각이 되었다면, 어음 만기일 전에 금융회사로부터 기 할인한 어음의 채권 금액까지 금융회사에 돈을 돌려줘야만 한다. 이 경우 매출의 대가로 받은 어음이 부도 처리되면서 장부상으로는 흑자임에도 그 영향으로 회사가 파산하는 일이 자주 발생한다. 그리고 받을 어음이 부도가 나지 않더라도 은행의 재할인 대상에 속하지 않는 어음을 받거나, 원청회사의 신용도가 떨어져 어음할인 팩토링을 통해서도 할인을 통한 자금조달이 어려워지는 경우,

작은 회사는 자금운용에 문제가 생기게 된다.

일은 열심히 해놓고 받은 어음을 활용해 자금을 조달하지 못한다면 문제가 있는 것이다. 그 회사는 결국 원청기업의 부도로 공사대가로 받은 받을 어음을 제대로 활용하지도 못한 채 자금 압박으로 파산하고 말았다.

세상의 거의 모든 작은 회사는 업종에 상관없이 갑과 을의 관계에서 을의 위치다. 물론 거래대금을 현금으로 결제 받는다면 이런 문제가 발생하지 않을 것이다.

받을 어음을 할인해 운전자금을 조달하는 경우 어음 만기일에 따라 금융비용이 발생하고 회사의 재무상태에도 악영향을 끼친다. 또 작은 기업은 매년 매출이 성장해야 이를 기준으로 보증기금의 대출보증서를 더 요구할 수 있다. 거래처의 재무상태를 따져서 거래하는 것이 말로는 쉬워 보여도 서로 다른 이해관계가 서로 얽혀 있기에 그리 간단하게 생각할 문제는 아니다. 그럼에도 사전에 거래처의 재무상태를 평가하고서 거래처를 선택하는 것은 나중에 발생할 수 있는 사업 리스크를 줄이는 일이다.

거래처의 신용을 평가하는 방법으로는 신용평가기관의 자료를 활용하는 게 일반적이다. 그러나 페이퍼에만 의존하는 것은 한계가 뚜렷하다. 시장 동향에 따라 기업경영은 순식간에 변할 수도 있기 때문이다. 그렇다면 거래처의 신용상태를 파악하려면 어떤 방법이 좋은가? 업계 종사자들에게 직접 물어서 알아보는 방법이 있지만 과연 누가 이해관계를 떠나 진실을 말해 주겠는가.

이 문제를 푸는 방법 중 하나가, 거래기업이 코스닥 상장법인 이상의 규모를 갖고 있는 기업이라면 명동에 있는 어음중개사무소에 해당 기업이 발행한 어음이 시장에 유통되는지를 알아보는 것이다. 만약 유통되고 있다면 할인금리가 어느 정도나 되는지를 물어 이를 통해 거래처의 신용을 파악할 수 있다.

명동 사채시장에서 신용으로 유통되는 어음이라면 단기간에 해당 기업이 위기에 처하지는 않으리라는 것이 역으로 증명되는 것이다. 만약 유통이 되는 어음이라 할지라도 할인금리에 따라 그 기업의 신용을 가늠해볼 수 있다. 이것이 과학적인 방법은 못 된다고 할지라도 거래기업의 신용상태를 파악하는 방법으로는 꽤 유용하다.

은행예금은 버리고
채권으로 갈아타라

　실질 기준금리가 제로 금리를 향해 가는데 채권에 투자해서 과연 10%의 금리가 가능하다는 말이 현실성 있는 얘기일까? 물론 누구나 채권에 투자하면 10%의 수익률을 올릴 수 있다는 얘기는 아니다. 그러나 채권의 운용방법에 따라 이것이 불가능한 것은 아니다. 채권 투자의 수익률은 개인 능력에 따라 달라진다.
　일단 다음의 〈표〉를 보자.

　〈표〉를 보면 정기예금처럼 확정수익률 상품인 회사채 투자로 정기예금 금리의 2~3배에 달하는 수익을 올린다는 것이 결코 과장이 아님을 알 수 있다. 〈표〉에서 회사채 BBB- 등급이 8.47%다. 다음에 나오는 자료가 거짓이 아니라면 10%는 아니어도 그 근사치에 해당

[표] 채권 수익률 내역

국고채(3년)	2.47%
통안 증권(91일)	2.58%
산금채(1년)	2.61%
회사채(무보증 3년 AA-)	2.84%
회사채(무보증 3년 BBB-)	8.47%

(출처: 금융투자협회)

하는 금리는 받을 수 있다고 말하는 게 현실성이 떨어지는 얘기는 아니다.

정책금리인 한국은행 기준금리는 은행권 상품에는 절대적인 영향을 미치지만, 실제 시장에서 결정되는 금리는 증권시장에서 유통되는 채권, 자산 담보부 유동화 증권, CP를 발행하는 주체(기업)의 신용도에 절대적인 영향을 받는다. 이 이치를 깨달아야만 저금리에도 기준금리 이상의 수익을 올리는 것이 언제든 가능하다는 것을 알 수 있다.

우리의 금융투자는 소매금융에 치우쳐 있다. 금융시장에서 도매시장은 경매를 하는 것처럼, 사는 자와 파는 자가 만나 직접 가격을 흥정하는 곳이 증권시장이다. 특히 채권 거래의 경우 경매 흥정의 묘미가 가장 잘 구현되는 곳이 장외시장이다. 이곳에서는 발행기업과 이를 구매해 재판매하는 증권사 간의 가격 흥정을 통해 채권이 거래된다. 발행기업이 같고 액면가, 만기일이 같은 채권의 매매가격이 증권사마다 다른 이유도 여기에 있다.

증권시장을 통한 직접거래에 눈뜨기 바란다. 지금의 지독한 저금리를 극복하는 유일한 방법은 증권사, 증권시장을 통해 직접 투자하는 것이다.

각종 농수산물을 가락시장에서 직접 구매하는 것과 집 앞 수퍼마켓에서 구매하는 것 가운데 어느 쪽이 싸게 살 수 있는가? 이는 물으나 마나 한 질문이다. 가락시장에서 구매하면 가격도 가격이지만 다양한 구색의 농수산물을 싸게 살 수 있다. 금융투자라고 다르지 않다. 기업이 발행하는 다양한 고수익 상품들, 이를테면 회사채, CP, 자산 유동화 증권, 주식 연계 채권 등을 직접 거래하는 시장이 바로 증권시장이다.

회사채, 자산 유동화 증권 등의 고수익 상품을 직접 거래하면 무엇이 좋은가?

첫째, 금융회사를 통해 간접 투자하는 것에 비해서 수수료가 없다. 은행의 연금이나 신탁형 상품이 좋다 나쁘다를 떠나서 이들 상품은 수익률이 나건 안 나건, 원금을 까먹건 말건, 무조건 수수료를 내야 한다. 투자자 입장에서 생각하면 얼마나 부당한 일인가. 그래서 은행권, 보험사의 저축상품, 펀드에 투자하면 할수록 투자자는 오히려 가난해진다는 말이 금융시장에서는 꽤나 설득력이 있다.

둘째, 금융상품이 다양하다. 온라인 쇼핑몰의 시장점유율이 증가하는 것은 역설적으로 전통적인 오프라인 시장의 파이가 그만큼 줄어들었다는 것을 의미한다. 그러나 오프라인 판매 채널 중에서 온라인의 영향으로 사라진 곳은 소매 전자제품 판매점이다. 이 시장은 온라인의 영향으로 급격하게 사라졌다. 그러나 IT 전자제품 도매시장인 용산 전자상가의 위상은 계속 유지되고 있다. 왜 그럴까? 가격뿐만 아니라 다양한 구색의 IT 전자제품을 눈으로 즐기며 쇼핑하는 즐거움을 제공해주고, 온라인에 견주어 오히려 가격이 싸다는 메리트가 있기 때문이다. 어디 IT 전자제품 시장만 그런가. 온라인이 쇼핑문화를 주도하는 시대임에도 건어물 도매시장인 중부시장, 청과물 도매시장인 경동시장, 의류 도매시장인 동대문시장 등은 여전히 서울 중심권에서 그 위상을 유지하고 있다.

금융시장도 마찬가지다. 지금은 각 소매 금융회사가 온라인상에서 금융 몰을 운용하고, 이를 통해 보험 가입까지 할 수 있는 시대다. 그렇지만 금융상품의 전통시장은 여전히 증권시장이고 증권사다. 그렇다면 여러분은 금융쇼핑을 어디서 해야 경제적으로 이익이 되겠는가. 이쯤 설명했으면 대답은 물으나 마나. 증권시장과 증권사가 답이다.

채권금리는 발행 기업의 위험도에 따라 결정된다. 위험도가 높은 기업이 발행하는 회사채를 소위 쓰레기 채권이라고도 하는 '정크(junk) 채권'이라 부른다. 이처럼 위험도가 높은 회사채를 보통 '하이 일드(high yield)'라고 한다. 하이 일드 채권은 신용등급 BBB 이하인 투자 부적격 채권으로, 투자 적격 등급의 채권과 달리 상대적으로 부도 위험이 높은 기업이 발행한 채권을 가리킨다. 그래서 고수익이 가능하긴 하나 그만큼 투자 위험이 높다.

위험도가 상대적으로 낮은 투자 적격 채권으로 분류되는 BBB-등급 이상의 회사채 중에서도 정기예금보다 2~3배 고수익이 가능한 것들이 있기 때문에 너무 과도한 욕심은 자제하는 것이 좋다. 이제 여러분도 기업이 발행하는 고수익 금융상품인 회사채, 자산 담보부 유동화 증권, CP 등을 증권시장, 증권사를 통해 직접 거래하는 것이 저금리 시대의 금융상품 투자법이라고 말하는 이유를 충분히 알았을 것이다. 이제 실천으로 옮기면 된다.

초보자도 고수익 채권에
쉽게 투자하는 법

　기업이 발행하는 회사채와 같은 성격의 상품이 소위 자산 유동화 증권에 속하는 후순위 채권, MBS, 자산 유동화 기업어음인 ABCP다. 지금과 같은 저금리 기조에서는 그나마 이들 상품이 소액 투자로 자산 늘리기에는 적합하다. 그래서 2030세대에게 기업이 발행하는 채권, 즉 회사채, 자산 담보부 유동화 증권에 금융투자를 집중하라고 말하는 것이다.

　문제는 소매 금융회사의 연금, 저축성 상품 투자에만 길들어 있는 이들에게 채권이나 채권 관련 상품은 경제적 가치를 논하기 전에 매우 낯설다는 점이다. 그러나 우리가 모르고 있을 뿐이지, 우리는 이미 광범위하게 채권에 투자를 하고 있다. 물론 간접투자 방식으로.

채권은 쉽게 말해서 개인 간에 돈 거래를 할 때 주고받는 차용금 증서다. 단지 그 차용금 증서의 발행 주체가 개인보다 공신력이 있는 정부, 정부투자기관, 일정 등급 이상의 신용을 가진 기업이라는 것이 차이점이다. 또한 채권은 유가증권 상장시장을 통하여 주식거래와 마찬가지로 장내거래를 할 수 있다. 뿐만 아니라 증권사가 발행시장에서 매입한 장외채권을 증권사의 금융 몰을 통해 안전하게 투자할 수도 있다. 이처럼 거래 방법이 쉬움에도, 우리가 채권 직접투자를 낯설게만 여긴다면 이는 몰라서가 아니라 익숙한 투자 방법이 아니기 때문일 것이다. 지금이라도 늦지 않았다.

채권은 정부나 기업이 자금을 조달하기 위해 발행하고, 채권 유통은 주식과 마찬가지로 증권시장에서 이루어진다. 이를 채권의 장내거래 방식이라고 부른다. 그런데 채권은 이렇게 증권시장을 통해서만 거래되는 것이 아니다. 장외거래라는 것도 있다. 이것은 증권사가 채권을 발행시장에서 직접 매입하여 이를 고객에게 되파는 방법이다. 우리가 비교적 쉽게 증권사의 금융 몰을 이용해 채권에 투자할 수 있는 것도 이런 장외거래 방식이 있기 때문이다.

왜 채권에 투자를 집중해야 하는가? 그 이유는 매우 명확하다. 그렇게 하는 것이 우리가 일반적으로 투자하는 은행권 금융상품과 비교해 은행 환산 수익률을 기준으로 최대 두 배 이상의 수익을 올릴 수 있기 때문이다. 이것은 지금 당장 대형 증권사의 금융 몰에서 판매하고 있는 채권 리스트의 수익률을 살펴보면 바로 확인할 수 있다.

지금의 금리는 저금리 수준을 넘어 실질금리 제로 시대다. 은행의 정기예금에 투자해 받는 세후 이자가 겨우 1%를 넘는 수준이다. 이 정도 금리는 물가상승률을 고려했을 때 경제적 이득이 없는 제로 금리 상태라고 할 수 있다. 이런 상황에서 이보다 두 배나 높은 금리를, 그것도 확정금리로 받을 수 있다는 것이야말로 채권에 투자를 집중해야 하는 명확한 이유다.

방금 말했듯이 우리가 채권에 대한 직접투자에 익숙하지 않아서 그렇지 우리는 이미 채권에 투자하고 있다. 은행의 신탁상품, 혼합형 펀드, 채권형 펀드에서 연금 저축상품에 이르기까지 간접적으로 채권에 투자를 하고 있는 것이다.

은행의 신탁상품은 고객이 예치한 돈으로 주로 채권에 투자한 뒤 그 수익을 고객에게 배분한다. 펀드도 마찬가지다. 이렇게 우리가 채권에 간접 투자하는 경우 우리는 일정액의 수수료를 내야 한다. 이 수수료는 원금손실이 발생하는 경우에도 예외가 없다.

그렇다면 직접 채권에 투자하면 되는데도 수수료를 내면서까지 간접 투자할 이유가 어디에 있는가? 채권은 금융상품으로 치면 금리가 만기까지 확정되는 고정금리 상품이다. 내가 직접 투자하면 수수료를 안 내도 되고, 오히려 상대적으로 고금리를 주는 다양한 채권상품에 투자할 수도 있다.

투자의 변동성이 큰 주식과는 달리 채권은 상대적으로 매우 안전한 투자상품이다. 초보자도 몇 가지 채권 투자 지식만 알고 있으면 누구나 전문가 수준의 투자를 할 수 있다.

우리는 이 안전하고 상대적으로 수익률도 높은 채권이라는 상품이 있음에도 돈도 되지 않는 은행권 상품에 시간과 돈을 허비하고 있다. 사람들은 대개 익숙한 소비를 반복하는 경향이 있다. 우리는 어떤 상품이든 도매시장을 이용하면 싸고 다양한 구색의 상품을 쇼핑할 수 있다는 것을 잘 알고 있다. 그럼에도 동네 수퍼에서 대부분의 생활용품을 구매하는 이유는 그것이 편리하고 익숙하기 때문이다. 다른 특별한 이유가 있는 게 아니다.

도매시장 하면 아무래도 거래가 몇몇 거상들에 의해 대규모로 이루어진다. 그래서 소량을 구매하는 개인은 도매시장에서 환영받는 손님이 아니다. 동대문 의류시장을 가면 주로 새벽에 장이 열린다. 이 시장을 이용하는 사람들은 대개 지방에 점포를 갖고 있는 사람들이다. 그렇다고 해서 소량 단품을 구매할 수 없는 것은 아니다. 거리도 멀고 새벽에 장이 서는 동대문시장을 많은 여성이 눈 비벼가며 찾는 이유가 뭘까? 가격 때문만은 아니다. 그곳에서 파는 다양하고 패션을 선도하는 상품의 가치를 잘 알고 있기에 힘들어도 찾는 것이다.

동대문 의류 도매시장을 가면 최신 유행을 선도하는 디자인의 제품을 만날 수 있는 것을 비롯해 무엇보다 제품 구색이 다양하다. 하지만 여기서 쇼핑하는 사람들 대부분은 마니아층이다. 다른 이들은 대개 이런 쇼핑에 익숙하지 않다. 귀찮게 여기기도 한다.

금융상품의 도매시장이 바로 증권시장이다. 그리고 그 중개를 대행하는 회사가 증권사다. 증권시장에서는 장내거래를 통해 주식에서부터 국공채, 회사채 등 다양한 기관(기업)이 발행한 채권, 자산 담보부 유동화 증권은 물론 CP 등과 같은 단기 유동성 상품에 투자할 수 있다.

물론 이 시장 역시 소위 기관이라 부르는 금융회사, 연기금 등이 거래를 주도하고 거래 단위 금액도 커서 소액으로 투자하는 개인이 끼어들어 거래하기 어려운 한계가 있다. 그럼에도 개인이 소액으로 얼마든지 쉽게 채권에 투자할 수 있다고 말하는 이유는, 증권사가 발행시장에서 채권을 직접 장외거래 방식으로 매입한 뒤 이를 쪼개서 고객에게 되파는 거래를 하기 때문이다. 따라서 채권 상장시장 안에서 이루어지는 장내거래를 통하지 않아도 증권사 금융 몰을 이용하면 쉽게 다양한 수익률을 가진 채권상품에 투자할 수 있다. 복잡하게 생각하지 말고 증권사 오프라인 창구를 방문해서 직접 투자하는 기회를 갖기 바란다. 그 과정을 몇 번만 반복해면 누구나 쉽게 투자할 수 있는 것이 채권 투자다.

기업의 신용등급을 알면 채권값이 보인다

기업이 발행하는 채권인 회사채의 발행금리는 시장 실세금리지표, 발행기업의 신용평가등급, 발행시점의 재무상태에 따라서 달라진다. 확정금리 상품이지만 그렇다고 정기예금처럼 금리가 획일적으로 정해진 것도 아니다. 회사채는 발행기업에 따라 금리가 달라지기 때문에 골라먹는 재미가 있다.

개인도 채권을 발행한다. 형식이 다를뿐이지 개인간에 금전을 거래할 때 채무자가 작성하는 차용금 증서가 증권시장에서 유통되는 채권과 별반 다르지 않다. 생각해보자. 개인 사이에 금전을 거래할 때 이자를 어떻게 정하는가? 과학적 기법으로 개인 신용을 평가해 이자율을 정하지는 않는다. 하지만 오랜 기간 채무자와의 돈거래에서 형성된 신용도를 기준으로 하여, 사회적 통념상 인정되는 정도에서 금리를 정하지 않는가? 또한 차용금 증서에는 이자율, 채무의 만기일, 원금 상환일을 기재하고, 채무자 개인에 대한 공중을 첨부해 안정성을 도모한다.

채권도 마찬가지다. 다만 그 발행주체가 사회에서 검증된 기관, 우량기업이 발행 주체라는 점에서 제도 금융권 내에서 거래가 이뤄진다는 게 다른 점이다.

증권시장에서 유통되는 채권은 일정 수준 이상의 신용등급을 가진 기관이 발행한다. 증권시장에서는 보통 BBB- 투자 적격 등급 이상의 채권이 거래된다. 물론 그 이하인 투기 등급 채권도 거래되기는 한다. 그러나 아무리 수익률이 높다고 해도 원금상환 능력이 불투명한 기업이 발행한 채권에 투자할 사람은 거의 없을 것이다.

채권금리는 발행기관의 신용 등급에 따라 결정된다. 금리는 상대적 개념이라는 것을 알아야 한다. 우리가 은행에서 신용으로 대출받을 때 금리가 정해지는 원리를 생각해보자. 같은 신용대출을 받는 사람이라 해도 누구는 우대금리를 적용받는 반면에 또 다른 누구는 사채 수준의 금리를 적용받는다. 그 이유는 개인의 신용등급에 따라 채무상환의 이행 여부가 다르기 때문이다. 이는 신용등급이 낮을수록 가산금리가 추가되는 구조에서 발생하는 문제다.

채권을 발행하는 기업의 신용은 18등급으로 나눠진다. 물론 삼성전자와 같은 초우량기업의 유통금리는 매우 낮게 결정되고, 삼성전자와 비교해 신용등급이 크게 떨어지는 기업이 발행한 채권의 금리는 상대적으로 매우 높게 결정된다. 이 때문에 소위 시장 실세금리 지표의 기준이 되는 국고채 3년물 금리가 1%대인 시점에서도 채권투자로 그 두 배 이상의 수익률을 올릴 수 있다는 논리가 성립한다.

'하이 리스크 하이 일드(High Risk, High Yield)'란 말은 투자 격언 가운데서도 기본 중의 기본이다. 즉, 높은 수익에는 반드시 높은 위험이 따른다. 채권투자로 너무 높은 수익률만 추구하다 보면 위험관리에 문제가 발생하여 원금손실 가능성이 생긴다. 그래서 적당한 선에서 수익률과 안정성을 잘 조화시켜 투자해야 한다.

보통 만기 1년 이내 채권을 단기채권이라 하며, 1년 이상 만기 채권을 장기채권이라고 한다. 단기채권과 장기채권을 구분하는 이유는, 채권은 만기 기간이 길수록 수익률이 높아지는 구조를 갖고 있긴 하지만 이에 비례해 투자위험도 높아지는 특성을 갖고 있기 때문이다. 채권은 채권 발행기관이 채권 만기가 종료되어 채권을 청산하는 시점까지 외부적 또는 내부적 재정문제로 인해 부실화될 가능성이 커지기에 이런 특성을 가지고 있다.

증권이란 용어는 주식을 포함해 기업이 발행하는 채권, 다양한 유가증권을 모두 포함하는 개념이다. 그래서 증권시장은 상장되어 있는 모든 주식, 채권, 유가증권의 유통과 거래가 이루어지는 곳이라고 정의할 수 있다.

채권을 증권시장에서 거래되는 상장주식처럼 거래하는 방식을 장내 채권거래라고 하며, 증권사가 발행시장에서 별도로 채권을 인수하는 방식을 장외 채권거래라고 한다. 채권거래에서 장내거래보다 장외거래가 활성화되어 있는 이유는, 채권은 주식과 달리 기업이 발행한 채권 간에도 만기일, 이자율이 각각 달라 이를 표준화하고 통일하는 데 어려움이 있고, 또 이를 전산화시키는 과정에서 비용과 시간도 많이 소요된다는 한계가 있기 때문이다.

장내 채권거래는 유가증권 시장에 상장되어 거래되는 채권으로 상장주식과 거래방식이 같다. 따라서 주식거래처럼 계좌를 만들고 매입수량과 거래가격을 입력하여 채권거래를 체결한다. 장내 채권거래는 집에서 HTS를 이용해 채권에 직접 투자하면 된다.

채권거래를 장내와 장외 방식으로 구분하는 것은, 같은 기관이 발행한 채권이라 해도 채권의 만기, 이자율, 발행금액이 모두 다르기 때문이다. 이것은 채권의 장내거래 종목을 표준화시켜 주식처럼 상장시장에서 거래하는 것을 어렵게 만드는 이유가 되기도 한다. 다양한 거래조건을 가진 채권을 전산화 작업을 거쳐 거래를 쉽게 만드는 과정도 어렵고, 입찰금액이 적은 채권의 경우는 발행물량이 소화되지 않을 위험도 있다.

그래서 상장시장에서 이루어지는 장내거래는 조건을 비교적 표준화하기 쉬운 국공채가 중심이 된다. 국공채는 여타 채권과 비교할 때 채권의 조건이 일정하고 반복적이기 때문에 상장거래 시스템에 적용시키기가 용이하다. 그렇다면 표준화시키기 어려운 채권은 어떻게 거래할까? 이때 이루어지는 게 장외거래 방식이다.

장외 채권거래 방식은 중고차 거래를 생각해보면 이해하기 쉽다. 신차는 자동차의 종류, 자동차별 사양, 그리고 이 기준에 의한 가격이 표준화되어 있어 시스템적인 거래가 가능하다. 그러나 중고차는 같은 시기에 출시된 차라 해도, 차량 마모도, 연식, 자동차 사고 여부 등을 판단해, 중고차 업주가 가격을 정하고, 고객에게 팔 가격을 정한다. 가격 결정 주체가 중고차 업주가 되는 것이다.

장외 채권거래의 주체는 증권사다. 증권사는 회사 사정을 고려하여 매입채권의 가격을 정한다. 우리가 장외 채권거래 방식으로 증권사가 보유한 채권을 매입하는 경우 같은 채권이라고 해도 증권사에 따라 판매조건이 각기 다르다. 장외거래 방식은 쉽게 말해 증권사가 장외거래로 매입한 채권을 고객에게 파는 물량을 우리가 매입하는 것이다. 현재 대형 증권사의 금융 몰에는 매일 매입 가능한 채권상품 리스트가 업데이트 되고 있다. 이 리스트를 보고 수익률과 투자 안정성을 고려해 투자하면 된다. 초보자도 누구나 쉽게 투자할 수 있다.

증권사를 주식을 중개, 위탁하는 곳으로만 생각해서는 안 된다. 증권사는 은행권에서는 찾아보기 어려운 고수익 금융상품을 판매하는 곳이다. 이제 여러분의 금융투자 쇼핑 동선을 은행, 보험사에서 증권사로 바꿔야 할 시점이다.

낯설기는 해도 돈이 되는 자산 유동화증권

"1분기 자산 유동화 증권 발행액 급증

금융감독원에 따르면 1분기 ABS 발행총액은 8조9495억원으로 전년 동기(5조4646억 원) 대비 63.8%(3조4849억 원) 급증한 것으로 나타났다. 금감원 관계자는 주택저당채권(MBS) 및 단말기 할부채권이 ABS 발행시장의 주축을 형성하고 있는 반면 카드사의 해외 ABS 발행은 감소하고 있다며, 특정 유동화 자산에 대한 선점 현상을 예방하는 등 ABS 시장의 잠재 리스크 관리를 위한 모니터링을 강화할 것이라고 말했다." 〈디지털타임즈〉

이 기사를 보면 자산 담보부 유동화 증권(보통 자산 유동화 증권이라고 함)의 발행액이 크게 증가하고 있음을 알 수 있다. 자산 유동화 증권을 뜻하는 ABS(Assert Backed Securities)는 주택 저당권, 기업의 매출채권, 유가증권, 금융권의 대출채권을 기초자산으로 해서 특수법인을 설립한 뒤, 이를 증권화시켜 발행되는 상품을 총칭한다. 최근 경향은 선박, 금, 은 등과 같은 실물자산도 자산유동화 증권의 기초자산이 되고 있다. 자산유동화 증권의 정식 명칭은 자산 담보부 유동화 증권이나 보통 자산 유동화 증권이라 부른다.

어느 특정 은행이 보유하고 있는 주택 저당권(은행이 대출하면서 담보로 잡은 주택에 대한 권리)의 채권시효가 소멸될 때까지 이를 현금화시킬 수 없다. 따라서 은행 입장에서는 유동성의 제약을 받게 된다. 그러나 이를 증권화시켜 유동화 증권을 발행하면 채권 만기일 전에 현금화시켜 유동성을 호전시킬 수 있다. 또 MBS 발행 시 거래를 편리하게 하기 위해 1000만원을 1000장으로 나누어 유동화 증권을 발행해 유통시키면 투자자는 소액의 돈으로 고수익 상품에 투자하는 기회를 얻게 된다. 최근 은행권의 눈에 보이지 않는 자산을 가리켜 '그림자 금융'이란 용어를 흔히 쓴다. 바로 그림자 금융의 주요 고리가 되는 상품이 자산 유동화 증권이다.

자산 유동화 증권의 각 주체별 경제적 효과는 아래와 같다.

* *발행자 측면
- 기업 및 금융기관의 구조조정 기능을 원활하게 하며 각종 리스크를 피할 수 있다.
- 자산운용의 포트폴리오를 개선해 자금조달을 다양화할 수 있

다.
- 신용등급이 우수한 기업은 ABS 발행을 통해 낮은 비용으로 자금조달 효과를 얻을 수 있다.

*** 투자자 측면
- 동일한 신용등급을 가진 유가증권 상품과 비교해 높은 수익률을 올릴 수 있다.

** 국내 ABS 발행 현황

ABS(자산유동화증권)는 1999년 말 처음으로 발행이 시작되었고, 그 후 만 12년이 경과한 시점에서 ABS 발행 총 누계액은 2011년 말 기준으로 400조원을 돌파했다. 2011년 말 기준 발행 잔액은 약 100조원으로 추산된다. 자산 보유자별로 보면, 한국주택금융공사가 2011년 중 16.1조원의 주택저당채권(MBS)을 발행했다.

- 2010년 중 2조원의 ABS를 발행하는 데 그친 신용카드사는 2011년 중 8.7조원의 ABS를 발행하여 전년도 대비 4배 이상 증가했다.

* 주요 유동자산별 ABS 발행 현황

자산 유동화에 관한 법률 개정으로 자산 보유자 자격요건 등이 완화되어 투자 적격 BBB에서 BB 등급 이상 법인으로 발행회사의 범위가 넓어질 경우 ABS 발행 규모가 더욱 커질 것으로 예상된다.

MBS	10.1조원
NPL	4.3조원
기업 매출채권	2.8조원
할부 금융채권	2.5조원
유가증권	2.2조원
PF ABS	1.4조원
단말기 할부채권	5.8조원
카드채권	3.3조원

* * ABCP, NPL이란 어떤 상품인가
- ABCP : ABCP는 'Assert Backed Commercial Paper'의 약어로 자산 담보부 어음이라 부른다. 이 상품은 쉽게 말해서 자산 유동화증권에 자유금리 기업어음이라 부르는 CP를 결합한 형태의 상품으로, 단기 자산 담보부 증권이라고 할 수 있다. 즉, ABS보다 만기가 짧은 CP 형태로 발행 유동화 자산의 채권 소멸시기까지 기 발행된 ABCP를 상환하고, CP를 반복해서 발행할 수 있다.
- NPL : 'Non Performing Lone'의 약어로, 금융회사의 부실채권으로서 무수익 여신 또는 부실채권을 가리킨다. NPL에는 담보부 부실채권과 무담보부 부실채권이 있다. 담보부 부실채권은 금융기관이 채무자에게 돈을 빌려주면서 부동산을 담보로 잡고 근저당권을 설정해놓은 채권을 말한다. 그 밖의 주요 자산유동화 증권 상품으로는 주택저당권 유동화 증권(MBS)과 후순위 채권이 있다.

자산 유동화증권 상품을 발행하는 주체는 기업이나 금융회사다. 기업이 발행 주체라는 점에서 채권과 같다. 다만, 채권은 발행기관의 신용상태와 재무적 역량을 평가해 발행규모와 금리가 결정되기 때문에 채권 발행에 별도의 담보가 요구되지는 않는다. 이에 비해 유동화 증권은 기업, 금융회사가 보유 중인 미확정 채권, 대출금, 저당권 등을 담보로 특수목적법인(SPC)이 인수해 증권시장에 유통시키는 구조다. 이런 과정을 통해 기업은 기업이 보유 중인 자산을 담보로 이를 유동화시킴으로써 현금을 창출한다.

자산 유동화 증권은 기업, 금융회사가 보유 중인 자산을 담보로 해서 발행된다는 점에서 '자산 담보부 증권'으로 불려왔으나, 1998년 9월 자산 유동화에 관한 법률이 제정되면서 '자산 유동화 증권'으로 바꿔 부르고 있다.

유동화 증권에는 자산 내용에 따라 후순위 채권, CBO, MBS, WPL, ABCP, CLO 등이 있다. 또한 유동화 증권은 원리금 지급이 거의 확실한 선순위 채권과 그렇지 않은 후순위 채권으로 분리해 발행된다.

한편 유동화 증권은 자산 보유가 별도로 분리된 SPC(특수목적회사로 서류상 회사)를 설립해서 발행한다. SPC를 통해 발행된 투자채권을 자산 유동화 전문회사가 인수해서 이를 기초자산으로 발행하는 것이 유동화 증권이고, 이렇게 해서 발행된 유동화 증권은 증권시장을 통해 유통된다. 자산 유동화 증권은 발행회사의 채권 상환이 끝나면 청산 과정을 거쳐 해산한다.

우리를 잠 못 들게 하는 펀드라는 상품

꽤 오랜시간을 금융관련 일을 해온 나도 최근에 출시되고 있는 펀드상품들은 상품설명서를 한참 들여다봐도 이해되지 않는 부분이 너무 많다. 투자위험이 계량화 되지 않는 부분이 너무 많다. 투자위험이 계량회되지 않은 파생상품을 덕지덕지 붙여놔서 과연 이런 상품에 투자해 투자의 투자원금이 잘 지켜질 수 있을까 하는 걱정부터 든다. 하기는 펀드의 자산운용이 잘못되어 투자원금이 왕창 깨져도 이 몫은 온전히 투자자의 몫이고, 자산운용사는 손실이 발생하건 말건 수수료만 챙기면 그만이니 그들에게는 펀드야말로 신이 선물한 축복이 될 것이다. 펀드가 좋고, 나쁘다의 문제를 떠나서 내 개인적으로는 펀드가 판매자, 투자자에게 공정한 상품이 되었으면 하고 기대한다.

요즘 아이들의 아토피 발병률이 높아지는 이유가 인공첨가물 범벅인 시중에서 파는 과자를 일상적으로 입에 달고 살기 때문이라는 연구 보고도 있다. 아이들이 먹는 과자만이라도 직접 만들어 먹이고 싶은 마음이 엄마들이라고 왜 없겠는가. 그런데 그게 생각만큼 쉬운 일이 아니다. 우리 아이만은 별 탈 없겠지 하고 믿어보는 수밖에 없다.

금융상품 투자도 마찬가지다. 본인이 증권시장에서 직접 투자하면 구색도 다양하고, 고수익 상품에 투자할 기회가 많다. 그리고 무엇보다 간접투자에 따르는 수수료를 내지 않아도 된다. 그럼에도 우리는 직접투자 대신 간접투자를 선호한다. 왜 그럴까? 단순히 편리하다는 이유로? 아니면 유능한 자산운용 전문가가 포진한 자산운용사를 통한 간접투자가 더 많은 돈을 벌어주기 때문에? 하지만 이런 생각으로 간접투자를 선호하는 것이라면 정말 어리석은 일이다. 이것은 간접투자 상품을 팔아야 호구지책이 되는 자산운용사, 위탁판매회사가 행하는 대중조작에 동조하는 일이다.

또한 이것은 전혀 객관적이지도 않다. 간접투자가 주식이나 채권에 직접 투자하는 것 이상의 수익률을 낸다는 객관적인 자료는 없다. 매년 나오는 펀드 상품의 수익률은 오히려 시장 평균수익률보다 낮다. 그럼에도 간접투자 논리가 먹히는 것은 우리가 그들의 논리에 세뇌당하고 있음을 반증한다. 20대는 지적으로 왕성하고 배우고자 하는 욕구도 강하다. 20대부터 직접 투자하는 습관을 길러두면 지금과 같은 저금리 상황에서도 그 한계를 극복하는 투자를 해나갈 수 있다.

채권형 펀드는 운용자산 대부분을 채권에 투자해 그 운용수익률을 고객에게 돌려주는 안정성 있는 펀드다. 채권은 만기까지 보유하면 만기수익률이 확정되며, 중간에 금리변동을 이용해 매매를 하면 매매차익을 얻는 것도 가능하다. 그런데 채권을 간접투자하면 자칫 원금이 훼손될 수도 있다. 투자위험이 증가하게 되는 것이다. 그 이유는 펀드에 편입된 채권의 시세가 증권시장의 가격변동에 따라 매일 바뀌는 채권 시가 평가제가 적용되기 때문이다.

수수료까지 주면서 간접투자를 해야 할 경제적 이유가 없다. 증권사 금융 몰에서, 채권 리스트를 보고 투자금액과 만기일을 고려해 직접 투자하면 된다. 우선 채권투자만이라도 간접투자를 하지 말자. 투자 상품을 창과 방패로 표현하면 주식은 창에 해당되고 채권은 방패에 해당된다. 채권투자로 자산운용의 안정성을 확보하고 이를 토대로 하여 위험 가중치가 높은 주식 관련 상품에 대한 투자를 늘려나가면, 주식투자로 발생하는 위험은 낮추고 안정적인 수익률을 기대할 수 있다.

채권은 세상에 존재하는 금융상품 중에서 가장 과학적이다. 금리의 결정 또한 합리적이다. 물론 이는 전적으로 내 생각이다. 그럼에도 이를 주관적이라고 말하기는 어렵다. 왜냐하면 내 나이의 '올드 보이'가 말하는 주관은 나름의 경험을 기초로 한다는 점에서 어느 정도 객관성을 확보하고 있기 때문이다. 30대여, 당신의 귀중한 돈, 채권으로 굴려라.

기업을 아는 것이
진짜배기 투자공부

 기업은 투자자의 관점에서 볼 때, 세상에 존재하는 거의 모든 투자상품을 발행하는 곳이다. 투자시장에서 기업은 이처럼 중요한 곳이다. 우리가 현재 투자하고 있는 주식을 포함하여 모든 고수익 증권 상품을 기업을 통해야만 투자할 수 있다. 저금리시대의 상대적 고수익상품, 회사채, 자산 유동화증권, CP, RP, 공모주청약, 주식연계 채권 등 이 모든 것이 기업을 통해 만들어진다. 그래서 진짜배기 투자는 기업을 공부하는 것으로 부터 시작돼야 한다.

 기업을 공부하면 투자의 답이 나온다. 엄한 데 시간 뺏기지 말고 기업을 공부하라.

 기업은 자금을 조달하기 위해 다양한 형태의 유가증권을 발행한다. 우리는 직접 유통시장인 증권시장을 통해서 여기에 투자한다.

또 금융회사가 판매하는 다양한 간접투자 상품인 신탁, 수익증권, 펀드도 다 기업이 발행하는 유가증권으로 자산을 운용하는 것이다. 이러니 우리가 금융상품에 투자하는 것은 바로 기업에 투자하는 것과 똑같은 게 아니고 무엇이겠는가?

세상에 절대적으로 좋은 투자 상품이란 없다. 또 절대적으로 나쁜 상품도 없다. 투자 상품은 상대적인 것이며, 시장의 변동성에 따라 달라진다. 세상에 존재하는 거의 모든 금융상품은 기업으로부터 나온다. 여러분 나이는 미래를 준비해야 할 때다. 그 준비과정에 기업을 공부하는 것도 꼭 포함시키기 바란다.

세상을 살다 보면 기회는 반드시 한번쯤은 찾아온다. 그러나 준비가 안 된 사람은 기회가 와도 그것을 무참히 날려버리는 일이 다반사다. 투자도 마찬가지다. 돈이 있어도 주체적으로 투자할 준비가 되어 있지 않으면 힘들게 돈을 모았어도 그 돈을 허망하게 까먹을 수 있다. 나는 사회생활 초기부터 적어도 특정 업종에 대해 애널리스트 정도의 실력을 쌓으라고 권하고 싶다. 특정 분야에 관심을 가지고 자료를 찾다 보면 그 과정에서 누구나 노력만으로도 전문가 수준의 지식을 갖출 수 있다고 생각한다.

우리가 일상에서 소비하는 제품들 중에서 시장에서 가장 잘 나가는 것이 무엇인가? 스마트폰은 삼성의 갤럭시 시리즈, 자동차는 현대와 기아, 슈퍼마켓 진열대에서 가장 많은 제품군을 차지하고 있는 것은 오뚜기, CJ제일제당, 롯데칠성, 빙그레 등의 제품이다. 우리는 이들 회사의 상품만을 소비하는 것이 아니다. 역으로 이들 기업이 발행하는 주식, 채권, 채권 관련 상품에 투자한다. 따라서 이들 기업은 우리 지갑을 터는 존재이기도 하지만, 우리 지갑을 채워주는 존재이기도 하다.

이제 기업은 상품과 서비스를 제공하는 곳이라는 생각에서 벗어나기 바란다. 좋은 기업이 발행하는 다양한 유가증권은 우리의 가처분소득을 늘려주는 효자 역할을 할 수 있다. 그래서 투자에서도 기업을 공부하는 것 이상의 좋은 투자 방법은 없다. 또 이것이 투자의 정석이기도 하다.

기업의 경영현황을 어떻게 알 수 있는가? 특정 엔터테인먼트 회사가 제작한 미니시리즈 시청률이 20%를 넘는 고공행진을 한다고 해서 그 기업의 경영현황이 우수한 것인가? 아니다. 언론에서 각광받는 것과는 달리 그렇게 각광받는 그 순간에도 기업의 경영현황은 최악으로 치닫는 경우가 많았다. 어떤 기업의 경영현황은 일시적으로가 아니라 꾸준히 그 기업의 경영성과를 관찰하고 이해관계자들의 투자 만족도를 객관적으로 평가한 후에 말해야 한다.

이것을 객관적으로 측정하고 평가할 수 있는 자료가 있으니, 재무제표가 바로 그것이다. 기업의 재무제표는 학생이 시험을 치르고 그 결과를 평가 받는 성적표와 같은 것이다. 다만 그 기간은 한 번에 끝나지 않는다. 1년간의 경영활동을 수치로 기록해 평가한다. 학생들은 시험성적으로 자신이 원하는 대학에 진학할 수 있는 근거를 만든다. 대학도 이 자료를 학생을 선발하는 주요한 데이터로 활용한다.

기업도 마찬가지다. 기업의 경영성과를 기록한 재무제표를 기초로 해서 기업을 주식시장에 상장시킬 수도 있고, 결과가 나쁜 경우는 퇴출되기도 한다. 퇴출을 모면했다고 해도 기업의 재무제표가 나빠져 기업 리스크가 높아졌다고 판단되면, 신용평가기관에 의해 해당 기업의 신용등급은 낮춰진다. 이에 따라 이 기업의 채권, CP의 발행금리가 높아지고 투자 위험은 커진다.

결국 기업의 자본시장 내에서의 생살여탈권을 재무제표가 쥐고 있다고 해도 과언이 아니다. 그렇기 때문에 재무제표는 엄격한 기준에 따라 작성되며, 이를 토대로 투자자는 기업의 가치를 평가해 투자를 할지 말지를 결정한다.

기업의 주가는 기업의 경영성적표라고 할 수 있는 재무제표의 결과에 큰 영향을 받는다. 기업이 발행하는 고수익 확정금리 상품인 회사채, CP 등의 발행금리도 재무제표 평가 결과에 따라 결정되는 것이 일반적이다. 따라서 기업 공부의 첫 번째 미션은 기업의 재무제표를 분석하고 평가하는 공부다. 이처럼 재무제표는 기업이 자금을 조달하는 데 있어 매우 중요한 기준이 되기 때문에, 일부 기업은 이를 조작하기도 한다. 아래 기사를 보자.

"기업들 재무제표 손익 부풀리기 여전"
기업들이 재무제표를 작성하면서 손익을 부풀리는 사례가 지난해에도 여전했던 것으로 나타났다. 이중 단기손익, 잉여금, 자기자본 등에 영향을 미치는 사항이 61건으로 가장 많은 것으로 조사됐다. 최근 3년간 유형별 위반 건수에서도 손익 사항이 236건(64.7%)으로 압도적으로 많았다. 이중 대손충당금 과소계상(50건), 유가증권 과세계상(45건), 매출액·매출채권 과대계상(27건)이 가장 빈번하게 적발됐다. 그밖에 지급보증 담보제공 및 특수 관계자 거래 등 주석사항을 미기재한 사례도 빈번하게 적발된 것으로 나타났다. 시장별로는 코스닥 상장법인의 위반회사 수 및 위반비율이 유가증권 상장법인보다 높은 것으로 집계됐다.

금감원 관계자는 "상장 폐지 모면을 꾀하기 위해 가장납입 및 횡령·배임 은폐 등을 위한 분식회계 사례도 다수 적발되고 있고 또 그 기법이 갈수록 교묘해지고 있다"며 "회계분식 적발 빈도가 높은 계정과목에 대한 감리는 강화하는 한편 분식회계 또는 부실감사가 발견될 경우 엄정하게 조치할 예정"이라고 말했다.〈뉴스토마〉

재무제표는 회사와 이해관계가 얽혀 있는 사람들에게 회사의 재무 상태를 알려주는 서류를 말한다. 오늘날의 기업은 매우 복잡한 이해관계로 얽혀 있다. 해당 기업의 주식에 투자하고 있는 투자자, 기업에 자금을 대출해준 금융회사, 기업에 대해 세금을 징수하는 세무당국 등이 그런 이해당사들이다. 이들에게 기업 재무 상태를 알려주는 객관적이고 공신력이 담보되는 보고서가 바로 재무제표다.

현재 우리나라에는 등기부등본에 법인기업으로 분류되는 회사만 약 20만 개나 있다. 이렇게 많은 회사들의 재무 상태를 기록하고 평가하는 데 공통의 양식이나 작성방법이 없다면 엄청난 혼란이 일어날 것이다. 그래서 이런 혼란을 사전에 방지하고, 재무 상태 기록을 통일하도록 강제하는 것이 기업 회계기준이고, 재무제표는 이것에 기초하여 작성된다. 이처럼 기업은 회사의 재무 상태를 기업 회계기준에 따라 통일된 양식으로 작성하고, 회사와 이해관계가 얽혀 있는 이해관계자들 등 외부에 공개한다.

재무제표를 작성하고 해석하는 가장 일반적인 기준은 '기업 회계기준'이다. 이 기준에 따라 대차대조표, 손익계산서, 이익잉여금처분계산서, 현금 흐름표 그리고 주식 및 부속명세서 등을 포함해 재무제표라고 규정한다.

재무제표는 경영활동을 요약한 회계보고서를 종합한 것을 말한다. 재무제표는 모든 회계처리 과정을 통해 만들어지는 최종 산물이다. 또 재무제표상의 회계정보는 이를 필요로 하는 회계정보 이용자들에게 전달하여 기업에 관한 의사결정을 할 때 판단의 근거가 될 수 있도록 객관적 자료를 토대로 하여 작성되어야 한다.

기업 재무제표에서 우선적으로 봐야 할 것은 매출액, 영업이익률, 매출채권 비율, 부채비율, 현금 흐름 등이다. 이 데이터들은 증권사나 금융감독원, 증권거래소 등에서 전년도 재무제표를 구해 볼 수 있고, 금융감독원 전자공시실(dart.fss.or.kr)에서 인터넷으로 열람할 수도 있다.

재무제표에서 아주 중요한 대차대조표는 개인의 재산 목록 표와 같은 것이다. 대차대조표는 기업의 자산과 부채를 총괄적으로 설명하는 재무제표로, 쉽게 생각하면 개인의 재산 목록 표와 같은 역할을 한다고 보면 된다.

대차대조표에서는 매출액 대비 매출채권 비율, 재고자산 비율, 부채 비율 항목을 주의 깊게 봐야 한다. 예를 들어 해당 기업의 전년도 매출액 대비 매출채권 비율이 130%였던 기업이 올해 결산기에 110%로 낮아졌다면, 이것은 지난해에 비해 매출채권의 현금화 비율이 상승한 것으로, 기업의 현금 흐름이 대폭 개선됐다는 뜻이다. 이와 관련해 재고자산이 급증한 기업은 우선 분식결산(회계조작) 가능성을 의심해봐야 한다. 예전 사례를 보면 기업이 기말 재고자산을 부풀려 이익을 과대계상하는 경우가 많았다. 부채 비율은 업종별 특성을 감안하여 그 평균치를 탄력적으로 적용해야 한다. 부채 비율은 업종 평균치보다 낮을수록 좋다.

다음으로, 손익계산서도 재무제표에서 중요하다. 손익계산서는 한마디로 판매비용 대비 이익을 분석한 것이다. 즉, 손익계산서는 기업이 1년 동안 물건을 얼마나 팔았는지, 그리고 물건 판매에 들어간 모든 비용을 제하고 얼마나 남는 사업을 했는지를 알아보는 재무제표다.

손익계산서에서는 매출액 증가율, 영업이익, 매출액 대비 영업이익 증가율을 중점적으로 살펴봐야 한다. 매출액 증가세가 지난 몇 년간 꾸준히 유지되고 있는지, 아니면 매년 그 변동 폭이 둘쭉날쭉한지를 주의 깊게 봐야 한다. 기업의 수익성은 영업이익을 기준으로 한다. 순이익이 대폭 감소해도 영업이익의 상승세가 유지되면 주가에는 부정적 요소보다는 긍정의 요소가 더 많다. 매출액 대비 영업이익률 증가율도 중요하다. 영업이익 증가율이 매출 증가율보다 높다면 지난 1년간 수익성이 개선된 것으로 평가받는다.

그런데 금융업은 제조업과 다르게 평가해야 한다. 금융회사의 영업수익은 제조업체의 매출액에 해당한다. 또 은행은 부실채권에 대한 대손충당금을 적립해야 하기 때문에 순이익 규모에 주목해 평가해야 한다.

　대차대조표, 손익계산서와 함께 기업의 재무역량을 파악하는 데 중요한 것이 현금 흐름표다. 현금 흐름표는 기업이 보유하고 있는 현금 보유 현황과 상태를 알려준다. 수익이 많은 기업일지라도 현금 창출 능력이 미약하다면 부도가 날 수도 있다.

　현금 흐름표에서 가장 중요한 포인트는 영업활동을 통해 유입된 현금으로, 투자자금과 재무활동에 소요되는 자금을 충당할 수 있는지 여부다. 만약 영업활동을 통한 현금 창출 능력이 미흡한 기업이 단기 차입금으로 투자자금을 조달한다면 심각한 자금경색을 겪을 가능성이 높다고 할 수 있다.

　이익잉여금 처분계산서는 이익잉여금을 어떻게 처분했고, 주주들에게 얼마나 배당했는지를 보여주는 항목이다. 기업이 잉여금 범위 내에서 주주에게 배당을 하기 때문에 배당 여력을 나타내는 지표이기도 하다.

　주식투자를 하려면 기업의 경영현황을 파악할 수 있는 재무제표를 기본적으로 봐야 한다. 주석사항도 그중 하나다. 주석사항에는 기업의 지급보증 현황, 특수 관계인과의 거래, 진행 중인 소송 내역 등 기업의 세부 활동내용이 기록되어 있다.

* * 연결재무제표란 무엇인가

　연결재무제표는 모회사와 자회사를 하나의 회사로 보고 작성하는 재무제표다. 즉, 모회사와 자회사를 하나의 회사로 취급하여 연결 대상 회사의 자산, 부채, 매출액, 순이익 등 모든 회계항목을 합산하여 재무제표를 작성하게 된다. 이때 내부거래로 중복된 부분은 제외한다. 예를 들어 자회사가 모회사에 상품을 팔았다면 여기서 발생한 매출은 연결재무제표의 매출액에 포함되지 않는다. 두 회사를 하나의 실체로 간주하기 때문에 내부거래로 상품 이동만 있었을 뿐 실제 매출이 일어났다고 보지 않는 것이다.

연결재무제표를 작성할 때 모든 계열사를 포함시키진 않는다. 지분율이 20~50% 사이이면서 종속회사에 해당하지 않는 계열사는 '관계회사'로 분류해 실적은 지분율만큼 합산해 반영한다.

연결재무제표를 작성하면 기업실적의 왜곡을 줄이는 데 도움이 된다. 지배회사가 실적이 나쁠 경우 계열사에 손실을 미루거나, 아니면 계열사의 이익을 늘려주기 위해, 지배회가가 부당하게 지원하는 일이 발생할 수 있기 때문이다.

수익률 깡패
공모주 투자하기

저금리로 돈이 갈 곳을 잃었다. 그렇다보니 조금이라도 돈이 된다는 소리만 들어도 시중 유동성이 한 쪽으로 쏠린다. 공모주청약도 그 중 하나다.

이렇다보니 일반 공모주 청약에는 수백대 일의 청약률에 수조원대 청약준거음이 몰리는 등 과열 양상이 수시로 발생한다. 그러나 상당수 공모주청약에 투자한 사람들이 손실을 봤다는 사실을 알고 있어야 한다.

2015년 73개 상장주식의 수익률을 분석한 결과 상장 당일 수익률은 34%, 연말 평균 수익률은 23% 수준이었다. 여기까지의 내용을 보면 공모주 청약투자가 수익률 깡패라는 말이 맞는 것 같아 보인다.

그러나 빛이 있으면 항상 그늘이 존재하는 법. 상장 당일 주가가 공모가를 밑돈 공모주는 39.6%(26개)에 달했고, 당일 수익률은 -9.9%를 기록했다. 특히 주목해야 할 부분은 전체 상장종목의 절반에 가까운 33개(49.2%)의 공모주는 2015년 까지도 평균 -21%의 매우 낮은 수익률을 기록했다. 이는 공개대상기업의 공모가가 시장까지 보다 부풀려져 공모가가 결정돼서 야기되는 현상이다. 따라서 공모주청약에 투자하려고 한다면 투자하려는 상장종목의 공모가가 적정한 것인지 사전에 분석을 철저하게 해야된다.

공모주청약은 주식시장을 통해 외부에 기업공개를 하고 불특정 다수의 여러 주주에게 주식을 공개 모집하는 과정에서 발생하는 주식을 공모주라고 부른다. 보통 상장된 주식은 거래소에서 사고팔수 있다. 그러나 공모주 투자의 경우는 사전준비가 철저하게 요구된다. 투자의 성공여부가 사전준비에 전적으로 결정되기에 그렇다. 공모주에 투자하기 위해서는 공모주의 일정확인, 투자설명서 분석, 청약, 상장 후 매도시기 결정 등 투자시점마다 투자전략이 요구된다. 아래는 공모주 청약투자에 대한 정보를 Q&A를 통해 알아 본 것이다.

Q1. 공모주 일정과 확정공모가는 언제 확인할 수 있나

A. 공모주일정은 대부분 30일 이전이면 알 수 있다. 공모주 청약일정은 통상 연간 계획 일정이 계획되어 있으나 기업의 경영상황에 따라 늦춰지거나 취소되는 경우가 있다. 공모주 일정은 공모주 관련 사이트에서 확인할 수 있다. 공모주 청약 일주일 전에 기관 투자

자를 대상으로 수요예측을 한다. 수요예측이 끝나야 확정된 공모가가 산정되기 때문에, 사실상 공모주 일정이 막바지에 이르러서야 확정공모가가 나온다고 생각하면 된다.

Q2. 청약시 청약 증거금은 얼마나 있어야하나

A. 대부분의 경우 공모주청약시 증거금은 50%이다. 즉 1주당 30,000원인 기업의 경우 청약증거금은 1주당 15,000원으로 청약증거금으로 계산해서 청약하면 된다.

Q3. 청약한 금액에 대한 주식배정비율

A. 공급물량은 정해져 있으므로 공모주 청약물량과 비례해서 받는다.
예를 들어 공모주 확정물량이 100,000주이고 청약공모주물량이 1,000,000주라면 1:10의 비율로 청약배정이 이뤄짐으로 1,000주를 청약했다면 배정받는 공모주는 100주가 된다.

Q4. 공모주 청약을 위해서는 주관 증권사의 계좌가 필요한가

A. 공모주 청약을 위해서는 공모주 주간사 또는 인수사 계좌가 필요하다. 모든 공모주청약에 투자하겠다면 증권사별로 계좌를 다 개설해야 하지만, 이 경우 공모주청약이 주로 이뤄지는 대형증권사 몇곳을 선택해서 계좌를 개설하는 것이 일반적이다.

Q5. 공모주 청약 최저투자금액은 얼마가 있어야 하는가

A. 이는 확정된 것이 없다. 공모주 청약 경쟁률에 따라 그때그때마다 다르기 때문이다. 만약 청약경쟁률이 1,000대 1인 경우 천주 이하로 청약하는 경우에는 공모주를 단 한 주도 받을 수 없다.

Q6. 공모주 청약 증거금의 환불

A. 공모주 청약 증거금 환불은 청약 및 +2일째 되는날 지급되는 것을 원칙으로 한다. 단 영업일 기준으로 지급되기 때문에 토·일요일은 산정기간에서 제외된다.

공모주 청약 증거금은 대부분의 투자자가 대출로 자금을 조달한다. 대출금리가 낮다고는 하지만 신용대출금리는 매우 높다. 보통 인기 많은 공모주는 1, 2천만원 투자해서 1주 정도 받는다. 이경우 100주를 받는다면 대출금이 1억 원에서 2억 원이 필요하다. 따라서 대출이자가 공모주 청약으로 얻는 이익보다 더 클 수도 있다. 공모주청약도 주식투자라는 사실을 잊지말고, 손익분석을 철저히 한 후에 투자해야 한다.

다섯째 날

경제기사의 행간에서
돈 맥을 찾는다

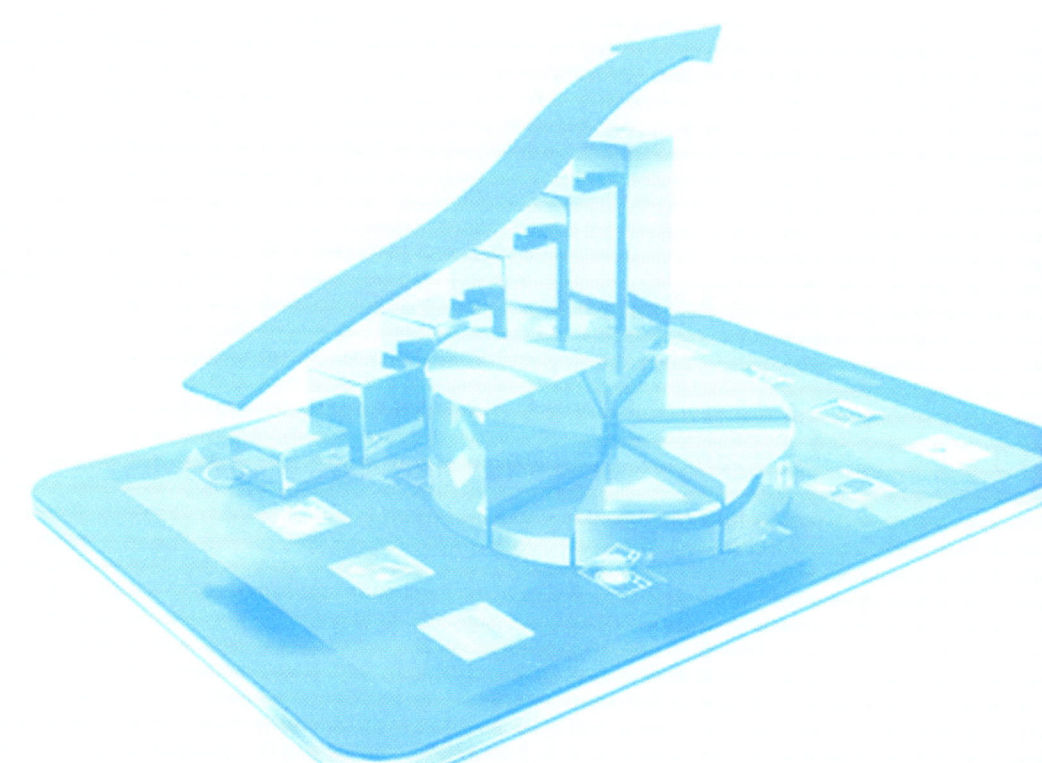

환율변동에 달라지는 기업가치

"주식시장은 3분기 어닝 시즌에 돌입했다. 삼성전자는 지난 3분기에만 무려 8조원의 매출을 기록했다. 금융정보업체 에프앤가이드에 따르면 삼성전자, 현대차, 기아차 3개 기업의 올해 순이익 추정치 합계가 36조7000억원으로, 시가총액 상위 30대 기업의 올해 추정치 67조 5000억원의 55%를 차지하는 것으로 전망됐다.

물론 이들 기업의 품질경영을 위한 각고의 노력, 과감한 글로벌 마케팅, 한발 앞선 시장 개척 등을 폄하할 생각은 없다. 다만 가격경쟁력, 특히 환율 효과에 의한 가격경쟁력이 기반이 됐음을 부인하기 어려울 것이다." 〈헤럴드 경제신문〉

"현대 차 영업이익 10.7% 급감 엔저 쇼크 현실로

1분기 매출 6% 늘었지만 환율, 노조에 발목 잡혀
포스코는 순이익 반 토막, 엔저 때문에 값도 못 올려

지난해 같은 기간보다 판매량이 9.2% 늘었음에도 엔화 약세와 상대적인 원화 강세로 가격경쟁력에 빨간불이 들어온 탓이다. 특히 유럽시장이 문제였다.
이 기간 현대차의 유럽연합 시장 판매량은 두 자릿수(10.9%) 이상 급감했다. 버팀목이었던 미국 시장의 판매증가율 역시 0.5%로 사실상 제자리걸음을 했다. 반면 도요타와 혼다는 이 기간 미국 시장에서 판매량이 각각 5%, 11% 폭증했다. 현대차 관계자는 "환율변수로 영업부문 비용이 11.3% 증가한 2조8358억원에 달한 것도 영업이익 감소의 한 원인이었다"고 말했다." 〈중앙경제〉

약 6개월의 시차를 두고 나온 이 두 기사는 서로 상반된 입장을 취하고 있다. 그 기간 동안 국내 수출기업에 무슨 일이 있었던 걸까. 그 짧은 기간에 기업의 펀더멘털에 큰 변화라도 온 것일까. 기업의 펀더멘털에는 큰 변화가 없었다. 변화가 있었다면 대외적인 여건, 그중에서도 환율변동이었다. 이 기간 동안 원화는 상승하고 우리의 강력한 경쟁기업인 일본의 전자 및 자동차회사들은 우리가 그동안 누려왔던 것처럼 엔화의 급격한 가치하락, 즉 엔화상승의 덕을 톡톡히 본 것이다.
이처럼 환율변동이 기업을 웃고 울게 만들고 있다. 환율변동으로 해당 기업의 영업이익이 감소하면 이는 바로 기업의 주가에 나쁜 영향을 미쳐 주가도 급락한다. 환율이 우리의 투자에도 깊숙이 자리하고 있는 것이다.

환율이 10원 오르면 삼성전자는 연간 8000억원의 영업이익이 늘어난다는 보고서도 있다. 한국은행에 따르면 원/달러 환율이 1% 하락할 경우 경상수지가 연평균 5억2000만달러 줄어든다고 한다. 삼성경제연구소는 환율이 10% 하락하면 수출과 경제성장률이 각각 0.54%, 0.72% 하락한다고 말한다.

"25일 금융정보업체 에프앤가이드에 따르면 지난 23일 기준으로 '한화재팬코아증권투자신탁'의 6개월 수익률이 50.3%에 달한다. 엔화 약세가 본격적으로 시작된 작년 4분기 일본펀드에 가입한 사람들은 반년 만에 원금의 절반만큼의 순수익을 올리게 된 것이다.

그렇지만 일본펀드가 앞으로도 지금과 같은 수익률을 보여줄 수 있을지에 대해서는 부정적인 의견이 더 많다. 엔화 약세가 경제회복 기대감을 높이면서 증시도 부양했지만 실적 발표기간이 지나면 엔화 약세의 밝은 면과 더불어 어두운 면도 부각될 가능성이 있기 때문이다. 이 때문에 일본펀드 투자를 고려하고 있다면 실제 일본 기업들의 실적이 어떻게 나타나는지 확인해볼 필요가 있다는 지적이 나온다.

배성진 현대증권 연구원은 "그간 달러당 엔화가 70엔에서 100엔으로 30% 가량 평가절하되었는데 향후 105~107엔까지 간다고 하면 절하 폭이 10% 남은 것"이라며 "연간 수익률을 10% 안팎으로 보고 접근하는 게 좋다"고 조언했다." 〈연합뉴스〉

위에서 소개된 연합뉴스 기사는, 급격한 엔화 상승으로 일본 시장에 투자하는 재팬 코리아 펀드의 수익률이 6개월간 투자원금의 절반에 달하고 있지만 이는 30%에 이르는 엔화의 환율상승에 의한 것으로 향후 엔화의 상승여력이 10% 이내일 것이므로 기대수익률을 낮춰 투자해야 한다고 권고하고 있다.

펀드의 운용수익률이 아닌 환율변동으로 외화펀드가 금융위기나 환율이 급격하게 변동하는 시기에 높은 수익률을 낸 사례는 수없이 많다. 멀리는 IMF 외환위기 당시 뮤추얼 펀드가 그랬고, 비교적 최근에는 환율과 금리가 요동치던 서브 프라임 모기지론으로 인한 금융위기 시절에 그랬다. 문제는 그런 상황이 갑자기 닥친 것처럼 반전도 생각보다 빠른 시기에 이루어지는 게 특징이라는 점이다.

초보자를 위한 환율공부

환율은 일국 통화에 대한 타국 통화와의 교환비율이다. 예를 들어 원/달러 환율이 1000원이면 1달러에 대한 원화의 교환비율이 1000원이 되는 것이고, 환율 인상으로 원/달러 환율이 1100원이 되면 1달러에 대한 원화의 교환비율은 1100원이 된다. 여기서 원/달러 환율은 1000원에서 1100원으로 올랐다. 이를 환율인상이라고 하며, 반대의 경우를 환율인하라고 한다.

이에서 보듯이 환율이 인상됐다는 것은 원화 가치가 1000원에서 1100원으로 하락한 것을 말하고, 환율이 인하됐다는 것은 그 반대로 원/달러 환율이 1100원에서 1000원으로 하락한 것으로 달러화에 대한 원화 가치는 상승한 것이 된다. 따라서 환율 상승은 원화 가치가 하락한 것으로 이를 원화의 평가절하라고 하며, 환율 하락은 원화 가치가 상승한 것으로 원화의 평가절상이 된다. 여기까지가 환율변동에 의한 환율 상승(평가절하)과 환율 하락(평가절상)에 대한 설명이다.

환율 상승이 왜 수출하는 기업에 도움이 되는가? 원/달러 환율이 1000원일 때 1000만원으로 수출가격이 정해진 자동차가 환율이 1100원으로 상승하면 기업이 가격경쟁력을 확보하기 위한 어떤 생산활동을 하지 않아도 1100만원으로 판매하는 결과가 된다. 환율 변동만으로 경쟁기업의 동일상품과 비교해 10%의 가격우위 요소가 생기는 것이다.

이로 인해 기업의 영업이익은 크게 늘어난다. 이러한 영업수지 흑자는 기업의 경영실적에 즉시 반영되어 주가도 오르게 된다. 주가가 오르면 해당 기업의 대주주 일가만 돈을 버는 것이 아니라 이 기업에 투자한 기관이나 개인 투자자 모두 이익을 공유한다.

환율 상승으로 기업이 얻는 이익을 환차익이라고 하며, 그 반대의 경우에는 환차손이 발생한다. 환율은 일반 상품의 가격형성 과정과 같이 외화에 대한 수요와 공급의 관계에 따라 변동된다. 따라서 정부 당국이 어떻게 통화정책을 집행하느냐에 따라 환율은 변동되며, 의도적으로 조작될 수도 있다.

환율 하락은 여러 가지 요인이 복합적으로 작용한 결과의 산물이다. 하지만 그중에서 가장 큰 원인은 미국과 일본의 양적완화 정책이다. 이에 따라 상대적으로 원화 강세가 이뤄지고 있다. 특히 일본의 경우 신 보수우익을 앞세우고 집권한 아베 정부의 등장 이후 무제한 양적완화 발언으로 엔화 하락이 빠르게 진행되고 있다. 최근 일본 관광객이 명동에서 사라지고 있는 것도 엔저 현상으로 인해 상대적으로 강세인 원화 절상으로 한국에서의 쇼핑 메리트가 사라졌기 때문이다.

양적완화 정책은 미국의 연방준비은행으로 미국의 중앙은행 역할을 하는 FRB로부터 시작됐다. 양적완화 정책은 기준금리(정책금리) 인하를 통해서도 경기부양 효과가 나타나지 않을 경우, FRB가 은행으로부터 장기국채 매입 등의 방법으로 시중에 달러를 대량으로 풀어(중앙은행이 통상적으로 행하는 통화조작 정책 중에는 시중은행 보유 채권을 담보로 해서 중앙은행이 돈을 푸는 방법이 있다) 소비를 촉진해 경기부양을 이루고자 하는 정책이다.

이런 양적완화 정책으로 미국 달러화 가치가 하락하고, 화폐가치와 이자율이 낮아지는 등의 경제현상이 발생한다. 양적완화는 정부가 국채를 매입해 시장에 돈을 푸는 정책으로, 정부는 세금으로 걷히는 돈보다 많은 지출을 통해 소비가 촉진되고 투자가 늘어 경기가 회복되기를 기대한다.

우리나라가 미국이나 일본처럼 양적완화 정책을 펼치기 어려운 것은, 수출증가 효과는 발생하지만 무역의존도가 매우 높기 때문에 (우리나라의 수출비중은 43.4%, 수입비중은 38.8%로 일본의 11.1%, 10.8%에 비해 상당히 높다) 자칫 양적완화 정책이 수입물가를 상승시키고, 상대국으로부터 보복조치를 당할 가능성이 높기 때문이다. 이런 점이 우리나라가 환율조작 정책을 시행하는 데 한계로 작용한다.

지난 수년간 미국은 금융위기를 극복하려고 의도적으로 많은 달러를 공급해왔다. 그 결과 달러화 가치는 계속 떨어져왔다.

투자자 입장에서 환율변동으로 혜택이나 피해를 보는 기업에 투자할 때 가장 경계해야 하는 것은 이분법적 구도다. 단순히 환율변동만이 해당기업의 수혜와 피해에 절대적으로 영향을 미친다고 결론지을 수는 없다. 환율변동은 기업의 지역별 해외매출 비중, 원재료 및 부품의 공급처, 외화부채 비중, 경쟁기업 우위 등에 따라 해당 기업의 경영활동에 유리할 수도 있고 불리할 수도 있다. 즉 개별 기업에는 복합적 요인이 존재한다.

[표] 환율 하락으로 주가 상승이 기대되는 종목

환율 수혜 구분	업종 및 종목
원자재 수입비중이 높은 종목	음식업종(CJ, 제일제당, 빙그레, 오리온, 아원, 농심 등), 유틸리티(한국전력, 한국가스공사)
원화 가치 상승으로 관광수요 증가	여행(하나투어, 모두투어), 항공(대한항공, 아시아나 항공)
외화부채 비중이 큰 기업	포스코, 대한항공, 현대제철

이제 환율변동은 국가의 거시경제 운용, 기업의 세계시장 재무전략뿐 아니라 개인의 자금 관리와 운용에서도 절대적으로 중요해졌다. 환율을 모르고서는 자금 관리를 논할 수 없는 세상이 된 것이다. 그렇다고 걱정할 필요는 없다. 경제라는 것은 우리의 상식을 넘어서지 못한다.

교과서 내의 경제학은 수치와 그래프로 감히 다가설 수 없게 거대한 성벽을 두르고 있지만, 교과서를 벗어난 현실의 경제는 다 상식 수준에서 이루어진다. 환율변동이 왜 일어나는지 그 기본적인

이치만 알면 경제학을 전공하지 않은 당신도 환율 변동으로 발생한 경제흐름을 실생활에서 얼마든지 활용할 수 있다.

금리가
투자 상품을 춤추게 한다

금리정보가 경제 흐름을 말한다. 경기가 호황이고 인플레이션이 발생하면 금리가 상승한다. 한국은행은 경기과열의 열기를 식히기 위해 통화조작 정책을 통해 시중자금 환수에 나서게 되고 인위적으로 기준금리를 조작한다. 금리가 상승하면 증권시장에서 유통되는 채권의 금리가 높아진다. 이렇듯 금리변동은 주요 상품의 가격 결정에 큰 영향을 미친다. 주식도 마찬가지다. 주식시장에서 가장 큰 장은 금융장세라는 말이 있다. 이 말은 금리 하락으로 은행권에서 이탈한 자금이 증시로 몰려 소위 펀더멘털과 무관하게 주가가 올라가는 것을 가리킨다. 그래서 금리가 개인의 투자를 말한다고 해도 지나친 것이 아니다.

한국은행의 기준금리가 1.25%(기준일, 2016년 6월)로 떨어지면서 은행, 보험사의 금융상품에 투자해서는 물가상승률도 쫓아가지 못하는 수익률을 얻을 뿐이다. 그래서 은행예금과 비교해 상대적으로 높은 금리를 받고 싶다면 고수익 증권상품에 투자해야 한다. 이 경우 투자리스크, 수익률을 잘 따져 위험은 낮추고 수익은 높이는 투자를 해야 한다.

삼성전자가 자금을 조달하기 위해 회사채를 발행하는 경우 삼성전자의 회사채 발행금리는 거의 국고채 수준에서 결정된다. (삼성전자의 재무 안정성은 국가가 채권의 대위 변제를 보증하는 국고채 수준의 안정성을 확보하고 있다.) 그러나 신용도가 중간등급 정도의 코스닥 기업이 회사채를 발행하는 경우는 다르다. 삼성전자보다 적어도 두 배 이상의 금리를 줘야 한다. 채권시장의 발행금리와 유통금리는 발행기업의 신용등급에 큰 영향을 받기 때문이다. 바로 그래서 요즘 같은 초저금리 시대에 금융투자는 채권에 집중해야 한다.

소위 시장 실세금리의 기준이라고 하는 국고채다. 국고채는 정부를 발행 주체로 하는 채권(국채)을 종합 관리하기 위해 1994년에 신설된 국채관리기금 부담으로 발행되는 채권을 말하며, 시장 실세금리로 발행된다. 국고채는 국고관리기금채권(국관채)로 발행되어 오다가 1998년 9월부터 국고채로 바꿔 부르고 있다. 국고채로는 종전의 농지채권, 농어촌 발전채권, 국민주택기금 채권, 철도채권 등이 통합 발행되고 있다. 국고채는 각각 1년, 3년, 5년 만기 채권이 정기 발행되고 있다. 이 가운데 3년 만기 국고채가 유통량이 가장 많아서 시장 실제지표 금리 중 하나인 대표적 시장 실세금리 지표로 활용되고 있다.

CD(Certificate of Deposit)는 시장에서 양도 가능한 정기예금 증서를 말한다. 일반적으로 양도성 예금증서라고 한다. CD는 은행이 자금조달을 위해 발행하고, 투자자는 투자를 목적으로 CD를 매입한다. CD는 다른 정기예금 증서와 달리 매입한 CD를 만기 이전에 다른 투자자에게 매매할 수 있다. CD는 만기가 30일 이상이며, 주로 91일물(3개월)이나 181일물(6개월)이 거래된다.

콜금리는 금융회사 간의 초단기 자금 거래 시 기준이 되는 금리다. 일시적으로 자금이 부족한 금융회사가 자금이 남는 다른 곳에 자금을 빌려 달라고 요청하는 것이 콜(call)이며, 이런 금융회사 간에 발생한 과부족 자금을 거래하는 시장이 콜(call)시장이다. 돈을 빌려주는 금융회사는 콜론(call loan), 자금을 빌리는 금융회사는 콜머니(call money)라 한다. 이것에 적용되는 금리가 바로 콜금리다.

지표금리란 시장의 실세 이자율을 가장 잘 반영하는 금리로, 우리나라에서는 국고채(3년물),우량 회사채 금리를 지표금리로 사용한다. 국고채 3년물을 지표금리로 삼는 이유는, 국고채는 표준화와 전산화가 어려워 장외거래로 주로 거래되는 다른 채권과 달리 반복적이고 통일적으로 발행되기에 전산화시켜 거래하기도 쉽고 실제 거래물량도 가장 많기 때문이다.

한국은행이 발표하는 기준금리는 금리체계의 기준이 되는 정책금리다. 한 나라의 금리를 대표하고, 금융시장의 흐름을 반영해 표준적으로 변동하며, 금융시장에의 여타 각종 금리를 지배하는 것이 기준금리다. 기준금리는 한국은행 안의 금융통화위원회에서 회의를 거쳐 결정한다. 기준금리는 한국은행의 환매 조건부 채권 매매, 단기 대여성 자금, 수신 등의 금융회사 간 거래기준이 되는 금리를 의미한다.

바로 이 기준금리가 계속 하락하면서 금융상품의 금리가 낮아지고 있다. 그래서 한국은행의 기준금리가 금융상품 금리를 춤추게 한다.

금융위기와
개인의 자산관리

"9월말 금융시장의 '블랙 먼데이'로 시작한 한국 경제가 위기에 직면해 있다. 이른바 외환 부족으로 인한 9월 위기설이 나오는 가운데 각종 금융시장 지표들이 급속도로 악화되고 있다. 이제 원/달러 환율은 27원이나 폭등한 1116원을 기록, 3년 10개월 만에 원화 값이 최저로 떨어졌다. 주식시장의 코스피 지수는 58.81포인트(4.06%) 떨어진 1,414.43으로 마감했다. 1년 6개월 만에 최저치다. 환율 급등과 기업 자금난 악화설로 채권금리도 급등했다. 지표물인 5년 만기 국고채 금리가 0.11포인트 오른 연 5.97%를 기록했다." 〈디지털 타임즈 2008년 9월 2일〉

이 기사는 서브 프라임 모기지 사태로 발생한 금융위기가 본격화되기 전에 나온 것이다. 그럼에도 시장 실세금리 역할을 하는 국고채 금리가 급등하고 있음을 알려주고 있다. 그 후 시장금리가 계속 급등했고, 환율이 요동쳤던 것을 여러분은 기억할 것이다.

여기서 반드시 생각해봐야 할 문제가 있다. 과연 금융위기는 투자자에게 재앙이 될 뿐인가, 아니면 기회인가의 문제가 그것이다. 이는 투자자 각자가 처한 현실에 따라 다를 수 있다. 그러나 공통점 하나는, 각자의 현실이 어떻든 간에 금융위기를 어떻게 보고 대응할지에 대한 깊은 성찰이 필요하다는 것이다. 금융위기를 마냥 위기로만 보고 이를 두려워만 한다면 투자로 얻을 것이 없다. 왜냐하면 현재의 금융 시스템이 파괴되고, 재창조되기 전까지는 금융위기는 반복적으로, 수시로 찾아올 것이기 때문이다.

금융위기는 기회다. 이렇게 보고 대응하는 것이 맞다. 실제 투자 결과도 그렇게 말하고 있다. 금융위기 당시 폭등한 금리를 이용해 채권에 투자한 사람은 금융위기 다음해에 다른 곳에 투자한 사람과 비교해 압도적인 평균 투자수익률을 올렸다.

다음 기사는 일본의 제로금리를 이용해 엔화 대출을 받은 사람이 그 후 환율이 급등하고 금융위기로 인해 금리까지 상승하면서 쪽박을 찬 사례를 다룬 것이다.

"김 모 씨(54)는 엔화 대출금리가 원화 대출보다 낮았던 2006년 5월 외환은행에서 엔화 대출로 1억2600만원을 빌렸다. 당시 김 씨가 계약한 금리책정 방식은 '단기 외화대출 기준금리+가산금리'였다.

김 씨가 처음 대출받을 때 적용된 금리는 1.85%였다. 하지만

2009년 11월에는 6.3배인 11.65%로 치솟았다. 단기 외화 대출금리가 급등한 것이 이유였다. 먼저 2008년 세계 금융위기가 발생하면서 국내 은행들이 국제 금융시장에서 사들이는 비용이 높았다. 2006년 1월 100엔당 800원 대였던 환율도 2009년 1월 1500원 대로 급등했다. 또 금융위기 이전 2%였던 국내 금융기관의 외화표시 채권 발행금리도 2009년에는 8% 대로 올랐다.

이 모든 요인이 결합되면서 단기 외화 대출 기준금리가 10% 이상으로 오른 것이다. 김 씨와 비슷한 시기에 하나은행에서 1200만 원을 엔화 대출 받은 노 모씨는 처음에 3.15%였던 금리가 2009년 6월에는 17.07까지 올랐다." 〈경향신문 2013년 4월 5일〉

우리가 대출받을 때 항상 고민하는 문제가 변동금리로 할 것인가, 아니면 고정금리로 할 것인가이다. 지금과 같은 초저금리 시대에는 대출금리도 함께 낮아지기 때문에 자기 신용관리를 잘해온 사람은 변동금리로 대출을 받거나 고정금리로 대출을 받거나 간에 별 차이가 없다. 오히려 변동금리로 하면 금리가 약간 올라도 금융회사가 경영여건에 따라 임의로 금리를 시장금리 상승 이상으로 높게 올려 받는 일이 비일비재하기 때문에 금융회사에 '코를 꿰는' 일을 당할 수 있다.

대출을 포함해서 요즘 금융거래의 문제점은 금융회사가 제시하는 옵션거래를 무방비 상태로 받아들인다는 점이다. 위의 사례만 봐도 국내에서 변동금리라고 해봤자 금리가 올라도 1~2%의 금리만 더 내는 수준에서 손해 보면 되는데, 외화 대출을 받은 탓에 환율변동으로 인한 환차손에 의해 손실이 엄청나게 커졌다.

최근에는 워낙 국내 시장의 금리가 낮아서 외화채권, 해외주식 투자를 권하는 금융회사가 늘었다. 특히 외화채권 바람이 불었던 때는 원화 환율이 고점이었던 2012년이었다. 만약 이때 외화채권에 투자한 사람은 운용수익률과 무관하게 원화 하락으로 큰 손실을 피할 수 없었을 것이다.

금리와 환율변동을 투자에 활용하는 것은 바람직하다. 그러나 그 정도가 지나쳐 투자 변수가 큰 옵션이 첨부된 상품에 투자하는 것은 자제해야 한다.

금리가 투자의 모든 것을 말한다고 해도 결코 과장이 아닌 것이, 실제 금리변동에 따라 주요 투자 상품의 경제적 가치가 크게 달라지기 때문이다.

금융정보 공급의 큰손인 은행 PB들과 자본의 기관지라고까지 폄하되는 일부 언론들은 저금리의 대안으로 금융회사의 무위험 수익상품인 펀드 투자를 권한다. 그러나 지금처럼 파생금융이 덕지덕지 결합되어 위험이 측정되지 않는 하이 일드 펀드에 투자하는 것은 한 방에 엄청난 손해를 보는 일이다.

우리는 예전에 야심만만하게 출범한 미래에셋의 인사이트 펀드가 현재 어떤 처지에 놓였는지를 생각해봐야 한다. 인사이트 펀드는 오랫동안 투자원금의 30% 이상 까먹는 고통을 투자자에게 안겨주었다. 그럼에도 불구하고 미래에셋 대주주는 막대한 이득을 올렸다. 그 이유는, 펀드는 투자의 모든 결과를 투자자에게 돌리는 매우 불공정한 상품이기 때문이다.

그런데도 저금리의 대안이 펀드라고? 이런 얘기는 도저히 이성적으로 받아들일 수 없다. 저금리 시대일수록 PB들의 세치 혀에 놀아나지 말고, 자신이 계획한 대로 뚜벅뚜벅 무소의 뿔처럼 소신 있는 투자를 해야 한다.

눈에 보이지 않는 '그림자 금융'

그림자 금융은 영어로 'shadow banking'이다. 보통 '그림자 금융' 또는 '그림자 은행'으로 번역한다. 이 책에서는 편의상 '그림자 금융'으로 통일한다. 그림자 금융은 영어의 말뜻 그대로 '보이지 않는 금융'이다. 이 말에는 최근의 은행계정이 '보이는' 금융인 일반 예금·대출시장을 벗어나 '보이지 않는' 금융, 즉 그림자 금융이 은행 본업을 위협하는 수준에 이른 상황을 경고하는 뜻이 담겨 있다.

그림자 금융을 대표하는 것은 자산 유동화 증권이라 부르는 ABS(Assert Backed Securities)다. 그리고 ABS의 대표적 상품이 주택 저당권 유동화 증권이라 부르는 MBS와 후순위 채권이다. 이 상품들은 은행의 고유계정 상품이 아니다. 은행은 자산 유동화 증권을 발행하기 위해 일종의 페이퍼 컴퍼니인 SPC라는 특수목적법인을 설립하는데, 이 상품들은 이 회사가 발행해 시중에 유통시키는 것이다. 이런 그림자 금융 가운데 최근 우리 사회에 큰 문제를 일으킨 것이 바로 저축은행이 특수목적법인을 설립해 발행한 후순위 채권이다. 그림자 금융의 폐해는 이미 우리의 금융거래를 위협하고 있다.

> "한국은행이 지난해 내놓은 '우리나라 그림자 금융 현황과 잠재 리스크 분석' 보고서에 따르면 2011년 말 기준 국내 그림자 금융 규모는 1268조원으로 집계됐다. 사실 국내 그림자 금융의 절대적인 규모는 금융 선진국과 비교할 때 아직은 작은 수준이다. 국내총생산 대비 미국의 그림자 금융 규모는 2010년 기준으로 160%를 상회한다. 한은은 보고서를 통해 그림자 금융의 신용증가율이 경기상승기에는 예금취급기관을 웃돌 수 있지만 경기가 나쁠 때는 급격하게 하강한다는 점을 지적하며 "규제의 사각지대가 발생할 가능성도 있다"고 지적했다." 〈이데일리〉

그림자 금융이란, 고수익을 위해 은행의 기능을 넘어 구조화 채권 매매를 통해 새로운 유동성을 창출하고, 이를 활용해 은행이익을 늘리는 금융 시스템을 말한다. 경제전문지 〈이코노미스트〉가 2008년 9월 22일자 기사에서 처음으로 쓰면서 유행하기 시작했다.

그림자 금융은 은행이 자신들의 고유계정상품이 아닌, 은행법의 규제를 벗어난 고수익 고위험 파생상품인 유동화 증권에 투자하기 위해 구조화 투자회사(SIV, Structured Investment Vehicle. 이것은 특수목적법인 SPC 중의 하나다)를 설립해, 이 회사가 투자할 자금을 조달하기 위해 단기 금융 채권을 발행하고, 이렇게 조달한 자금으로 서브 프라임 모기지론과 연계된 자산 유동화 증권(MBS), 부채 담보부 채권(COD) 등에 투자한다.

SIV는 은행과 분리된 별도 회사로, SIV의 자산운용 내역은 모회사(은행)의 재무제표에 영향을 미치지 않는다. 모회사 역시 SIV의 손실을 파악하기 어렵다.

그림자 금융은 비은행권 금융이다. 그림자 금융을 주도하는 SIV는 기업 간 인수합병, 선물, 옵션 등의 파생상품, 헤지펀드, 사모펀드에 규제를 받지 않고 투자해 유동성을 확대하고, 그 유동성 확대에 비례해서 위험도 증폭시킨다. 문제는 그 누구도 이런 문제의 실태를 정확하게 파악하지 못한다는 점이다.

은행은 본업은 내팽개친 채, 그림자 금융을 이용해 돈을 더 벌려고 금융당국의 감시망을 벗어난 파생상품을 개발하고, 여기에 한탕주의 식으로 '다 걸기'를 하다가 결국 몰락하고 말았다. 시티은행과 AIG 몰락이 바로 그림자 금융을 이용해 무한이익을 추구하는 과정에서 발생했다.

이들 회사의 최고경영자들은 은행의 본업인 고유계정의 판매와 방카슈랑스만으로는 더 많은 연봉을 받는 데 한계가 있음을 알고서, BIS 비율(자기자본 비율) 같은 감시와 통제의 사각지대에서 벗어나 한 방에 고수익을 노렸다. 하지만 그들은 그렇게 그림자 금융에 열중하다가 결국 본업 자체마저 위기에 빠뜨리고 말았다.

이들도 처음에는 쾌재를 불렀다. 2000년대 초부터 불어 닥친 세계적 경기호황으로 SIV가 투자한 자산 유동화 증권, 파생상품의 가격이 거침없이 상승했기 때문이다. 그러나 2007년부터 시작된 부동산 가격 폭락, 이로 인한 서브 프라임 모기지론을 담보로 발행된 MBS의 부실화 등으로 인해 위기는 걷잡을 수 없을 정도로 확대되었다.

엎친 데 덮친 격으로 은행 보유 주식과 채권, 자산 유동화 증권의 가격 폭락으로 은행은 위기 극복에 필요한 자금조달의 길마저 막혔다. 그 뒤 미국 국민의 혈세로 만들어진 공적자금 투입이 이어졌다. 이것이 그림자 금융이 보이지 않는 곳에 있다가 위기로 인해 수면으로 떠오르면서 발생한 금융위기의 본질이다.

그럼에도 여전히 그림자 금융을 통제할 규제책은 나오지 않고 있고, 메가 뱅크들 또한 문제의 금융기법을 고수하고 있다. 이러니 금융위기는 계속될 수밖에 없고, 위기가 반복될 수밖에 없다고 말하는 것이다.

누군가가 눈에 안 띄는 곳에서 횡재를 노린다면 감시를 철저히 하고 본업을 잊은 기업에 대해서는 위험한 외도를 절제하도록 칸막이를 높여야 한다. 아울러 또 다른 금융위기를 피하려면 상업은행과 투자은행(증권업)을 분리해야만 한다. 은행이 자산운용사, 증권사, 저축은행들을 줄줄이 거느리고 헤지펀드, 사모펀드까지 그런 계열사를 통해 운용하는 것은 철저히 규제하고 통제할 필요가 있다.

GM은 제조업체가 금융에서 '황금알'을 즐기다가 본업이 위기에 처한 대표적 사례다. GM 사례는 자동차 할부금융을 하는 계열 금융사의 부실이 본사의 경영에마저 치명타를 가하는 '왝 더 독' 현상의 전형이라고 할 수 있다. GE의 금융계열사 GE캐피탈은 한때 그룹 전체 이익의 절반을 차지할 정도로 효자 계열사였다. 그러나 잘나가던 GE캐피탈이 몰락하면서 GE그룹 본사마저 경영위기에 봉착하게 됐다. 그런 위기를 겪고 나서야 GE는 경영전략을 제조업에 집중하는 것으로 수정했다.

한때 GE는 경영학자들로부터 최고 성공모델로 꼽히는 기업으로, 경영 모범사례에 반드시 등장하는 성공적인 기업이었다. 세계의 많은 경영자가 GE를 배우려는 목적으로 거액의 수업료를 내고 GE의 크로튼 연수원에 들어가기 위해 줄을 서서 기다릴 정도였다. 그러나 GE는 우리 재벌기업처럼 손대지 않는 사업이 없을 정도로 문어발식 사업을 펼치는 기업으로, 그마저도 서민들 돈이나 뜯어먹는 할부 금융으로 돈벌이를 하던 회사였다는 것이 밝혀졌다. 하지만 현실이 이러함에도 제조업회사의 금융업 진출은 줄지 않고 있다.

그림자 금융은 엄격한 통제 아래에 있는 은행과 비교해 거의 규제의 사각지대에 있는 비은행 금융기관 또는 이런 금융기관이 취급하는 비은행권 금융상품이다. 그래서 그림자 금융은 은행권 상품과 비교해 위험이 높다. 은행의 고유 상품은 대부분 거의 100% 원금이 보장된다. 그러나 그림자 금융은 기대수익률은 높지만 위험 또한 높아 원금손실 가능성이 크다.

보통 은행의 금융 업무는 은행-예금자-대출자의 연결고리를 이루고 있어 자금운용 결과에 대한 책임이 명확하게 규정된다. 그러나 그림자 금융은 그림자 금융—투자자, 운용회사 또는 SPC-투자상품(ABS)의 4단계로 이루어지는데, 금융상품이 부실화될 경우 그 위험은 투자자에게 귀결된다. 게다가 그림자 금융은 자금의 이동경로가 복잡한 탓에 손실과 이익의 분석이 명확하지 않다.

'그림자' 라는 수식어가 붙은 데에는 눈에 보이지 않는 특징, 즉 규제의 사각지대에 있는 금융이라는 의미가 담겨 있다. 그림자 금융은 투명성이 낮아 손실을 파악하기가 어렵다. 글로벌 금융위기 당시 미국의 메가 뱅크들은 그림자 금융으로 조달한 자산을 재무제표에 제대로 반영하지 않아, 파산 직전까지도 관련 손실이 드러나지 않았다.

재무제표에 자산이나 부채로 기록되지 않는 거래를 부외거래라고 한다. 과거에는 상당수 그림자 금융 상품이 부외거래였다. 그러나 금융위기 이후 국제적으로 부외거래 항목들을 투명하게 감시하려는 노력이 계속되고 있다.

그림자 금융은 야누스의 두 얼굴을 가지고 있다. 그림자 금융으로 부풀려진 버블이 금융위기의 주범이었으나, 투자자에게는 그림자 금융이 저금리의 대안이 되고 있기 때문이다. 그림자 금융의 대표적 상품인 자산 유동화 증권은 최근에도 저금리를 돌파하는 고금리 상품이 되고 있다. 그래서 우리가 사는 세상은 복잡한 이해관계로 얽혀 있다고 말하는 것 아닌가.

여러분은 1월의 영어 단어를 잘 알고 있을 것이다. 1월을 뜻하는 단어 재뉴어리(january)는 그리스 신화에 등장하는 두 얼굴을 가진 괴물, 야누스에서 유래했다. 이를 통해 왜 세상의 탄생을 축하하는 달의 명칭이 재뉴어리가 되었는지를 알 수 있다. 우리가 사는 세상은 항상 밝은 빛이 있으면 그와 대비되는 어둠이 존재하기 때문이다.

우리가 사는 세상에서 악마 역할을 하는 탐욕적인 자본, 자신의 일족만 챙기는 생계형 정치인, 자본주에 영혼을 바쳐가며 그들의 주구 노릇을 하는 못난 월급쟁이들. 그러나 이들도 일상으로 돌아가면, 한 가정의 아버지이고, 한 줄기 바람에도 마음이 흔들리는 가여운 인간일 뿐이다. 이들에게 분노하지 말자는 얘기가 아니다. 우리 청년들이 나중에 그들의 자리를 차지했을 때 지금보다는 더 약자를 배려하는 정의로운 사람이 되기를 바랄 뿐이다.

미래의 금리는 어떻게 변할 것인가

금리는 오르기 어렵다. 세계 주요국가들은 내수 경기의 침체를 회복하고 수출을 늘리기 위해 자국의 통화량을 늘려 자국경제를 회복시키는 양적완화 정책을 펼치고 있기 때문이다.

"신제윤 금융위원장은 2일 미국 연방공개시장위원회(FOMC)의 양적완화 축소에 따른 단기적 시장 충격이 크지는 않겠지만 파장이 예상보다 클 수도 있다"고 말했다.

그는 "최근 국제통화기금(IMF)은 미국의 양적완화 축소에 따른 적극적인 대응책 마련을 신흥국에 주문했고, 주요 글로벌 투자은행(IB)들도 일부 신흥국 등에게 미칠 출구전략의 영향을 우려한다"고 설명했다. 이어 "우리나라는 다른 취약 신흥국과 차별화되는 모습을 보여쭸지만 취약 신흥국의 금융위기에 따른 2차 충격에 전염될 가능성이 있고, 국제 투자자들의 시각은 한순간에 돌변할 수 있다는 1997년과 2008년의 교훈을 되새겨야 한다"고 강조했다.

그러면서 예상치 못한 외부충격으로부터 한국 경제를 지켜내기 위해서는 양호한 펀더멘털을 더욱 견고하게 유지하는 한편 가계부채 연착륙 대책의 차질 없는 추진, 양호한 외화건전성 기조 유지, 일부 기업의 부실 확산 차단 등 취약부문에 대한 보완과 대비를 철저히 하도록 노력해야 한다고 덧붙였다." 〈연합뉴스, 2014년 2월 2일〉

외환위기 이후 한 시대를 풍미했던 말이 "미국 증시가 기침을 하면 한국 증시는 감기에 걸린다"는 것이었다. 그만큼 한국 증시에 큰 영향을 미치는 외국인 세력을 대표하는 것이 월가의 다국적 펀드로, 이들의 글로벌 포트폴리오는 미국 증시의 흐름에 따라 달라질 수밖에 없다는 의미다. 그러나 이제 이 말은 이렇게 바뀌고 있다. "미국의 양적완화 정책에 따라 한국경제가 요동친 다"라고.

그렇다면 양적완화가 무엇이길래 이토록 우리 경제에 미치는 영향이 크다고 말하는 걸까? 양적완화란 쉽게 말해서 중앙은행이 경기회복을 위해 시중 통화량을 인위적으로 늘리는 정책이다. 즉 중앙은행이 시행하는 통화조작 정책이라고 이해하면 된다.

중앙은행이 금리를 낮추면 은행 예금은 감소한다. 은행 예금고가 줄어드는 만큼 시중 통화량은 늘어나게 된다. 반대로 중앙은행이 시중에 있는 국채를 매입해도 시중 통화량은 늘어나게 된다. 참고로, 양적완화의 상대적 개념으로 '테이퍼링(Tapering)'이란 게 있다. 테이퍼링은 양적완화의 반대 개념으로 중앙은행이 양적완화를 축소하는 정책을 말한다.

미국의 양적완화 정책은 연방공개시장위원회라고 불리는 FOMC에서 결정한다. FOMC는 미국의 경제 흐름을 평가하고 분석해 통화량과 금리를 조정하고 결정하는 일을 한다. FOMC의 결정이 세계 금융시장, 나아가 세계경제에 미치는 영향이 절대적으로 크기 때문에 FOMC가 어떤 결정을 내리면 세계의 이목이 집중된다.

FOMC가 양적완화 정책을 펴는 이유는 경기회복을 위해서다. FOMC에 의해 달러화 공급이 늘어나고 금리가 떨어지면 달러화 가치는 하락하게 되고, 이에 따라 미국 기업들의 제품은 세계시장에서 가격경쟁력이 높아지게 된다. 물론 이것은 이론상 그렇다는 얘기로, 지금처럼 복잡한 경제 흐름에서는 꼭 그렇게 되는 건 아니다.

그렇다면 이제부터 우리가 생각해볼 문제는 과연 미국의 양적완화 정책이 우리 경제에 어떤 영향을 미치는가 하는 점이다. 우리는 우선, 미국 기업에 좋은 것이 반드시 우리에게도 좋은 것은 아니라는 사실을 상기할 필요가 있다. 미국은 양적완화 장책으로 당장 장기금리가 하락하고, 이에 따른 주가 및 집값 상승으로 내수가 촉진되어 소비 지출이 증가하는 효과를 볼 것이다. 통화량 증가로 인한 달러화 가치의 하락(고환율)으로 미국 기업이 생산한 제품의 가격경쟁력 역시 상승한다. 따라서 제조업 가동률이 높아지고 실업률이 낮아지는 효과를 거둘 수 있다.

그러나 이는 전적으로 미국에게만 좋은 일이다. 미국의 양적완화 정책으로 세계시장에서는 환율전쟁이 벌어지고 원유와 원자재 가격이 상승한다. 그리고 달러화의 통화량 증가는 인플레이션을 발생시키는 원인이 된다. 미국의 양적완화 정책으로 우리 경제는 환차익을 노린 외화자금의 유입이 늘고, 이는 주가 상승으로 이어질 수도 있다. 또한 달러화 가치 하락은 상대적으로 원화의 가치 상승을 불러오고, 이는 국산제품의 가격경쟁력을 약화시키는 원인이 될 수 있다.

결론적으로 말하면, 미국의 양적완화 정책은 그들의 이익이 되는 한에서는 그 효과가 크다. 하지만 우리 입장에서는 다르다. 달러화는 세계 자본시장의 기축통화다. 따라서 달러화 가치가 하락하면 달러화를 바탕으로 경제가 돌아가는 무역거래에서 우리나라 상품의 가격경쟁력은 약화되고, 수입제품의 가격인상 요인으로 작용해 물가상승으로 이어진다.

한편, 양적완화의 반대 개념인 테이퍼링이 실시되면 소위 이머징 마켓으로 불리는 신흥시장에 투자된 외화자금이 이탈하게 되어 신흥국가 자본시장의 불안정성이 크게 증가한다. 2013년 12월 말에 불거진 신흥시장의 금융 불안도 미국이 양적완화를 축소한 결과에 따른 것이었다.

물론 우리나라는 이머징 마켓으로 분류되는 아르헨티나, 터키, 인도네시아 등과 비교할 때 미국의 양적완화 정책에 영향을 덜 받는다. 그들과 비교해 상대적으로 충분한 외화자금을 보유하고 있고, 단기외채 비중도 전체 외화부채의 30% 정도로 안정되어 있기 때문이다.

　미국이 양적완화 축소를 뜻하는 테이퍼링을 하는 것은 역설적으로 미국 경제가 연착륙하고 있다는 반증으로, 달러화가 강세를 띠면 원화는 상승(평가절하)하는 결과를 낳아 국내 기업의 경쟁력은 그만큼 높아진다고 볼 수 있다. 우리가 무역거래 대금결제에 사용되는 기축통화는 달러화다. 따라서 달러화 가치 변동에 따라 수출기업들은 큰 영향을 받을 수밖에 없다.

　그런데, 세계시장에서 경쟁하는 기업 모두의 이해가 걸린 달러화 가치를 미국이 인위적으로 결정한다는 것은 또 다른 의미의 '팍스 아메리카나'의 오만불손을 보여주는 것이라고 할 수 있다. 사실 현재 세계경제에서 미국이 차지하는 비중은 점차 줄고 있는데도 여전히 세계 기축통화를 그들의 손에 맡겨두는 것은 부당한 일이다. 그래서 지금은 세계 모든 국가가 달러화의 인위적 조작으로 인해 더는 피해를 보지 않기 위해서라도 새로운 기축통화가 절실한 시점이다.

　미국의 양적완화 정책은 기존에 중앙은행이 시장에 개입해 인위적으로 통화량을 조작하는 것에서 더 나아간 것으로, 미국이 말하는 자유시장, 자유경쟁의 가치에 어긋나는 것이다. 그리고 미국의 달러화는 한 나라만 사용하는 통화가 아니라 세계의 기축통화라는 점에서, 미국 중앙은행이 과도하게 시장에 개입해 달러화 가치를 조작하는 것은 어떤 측면에서는 또 하나의 폭력이다.

　이제 세계경제의 중심축은 미국이 아니다. 따라서 미국 정부의 양적완화 정책에 우리가 너무 민감하게 반응할 필요는 없다. 다만 최근에 불러진 미국의 금리인상설이 현실화되면 국내 금리도 오를 가능성이 크다.

수수료가 이자를 잡아먹는 퇴직연금

"1조원 이상 퇴직연금을 운용하는 금융사들의 올 2분기(4~6월) 수익률이 1분기 때보다 크게 떨어진 것으로 나타났다.

퇴직연금의 90%에 해당하는 원리금보장형의 주요 운용처인 정기예금과 국채금리가 떨어지면서 수익률이 낮아진 때문으로 분석된다. 9월 은행연합회 손해보험협회, 생명보험협회에 따르면 국내 퇴직연금시장의 70%를 차지하는 확정금리형(DB) 원리금 보장상품 1조 원 이상 운용하는 금융사는 14곳이다.

이 가운데 은행은 KB국민, 신한, 우리, KEB하나, 농협, 산업, 기업 등 7곳이 1조 원 이상을 운용한다. 2분기를 기준으로 이들 7개 은행의 적립금은 33조 9천 77억 원이며, 수익률 기준은 연 1.6% 수준이다. 이는 전분기인 1분기 평균(1.73%)보다 0.13% 포인트, 작년말(1.82%)

보다는 0.22% 포인트 떨어진 것이다.

전체 퇴직연금 규모의 약 10%를 차지하는 원리금 비보장상품들에 대한 투자도 국내의 금융시장 불안 때문에 실적이 좋지 않은 상황이다.

원리금 비보장 상품에 대한 은행권이 2분기 수익률은 대부분 마이너스를 기록했다. 금융권 관계자는 "원리금 보장이 전체 퇴직연금의 90%를 차지하고, 이런 원리금 보장상품은 은행 정기예금이나 국채 등에 투자할 수 밖에 없다" 며 "한국은행의 기준금리 인하와 이에 따른 시장금리 인하 탓에 정기예금 등에 투자해 수익률을 올리는데는 한계가 있다"고 말했다. 〈연합뉴스, 2016년 8월 9일〉

퇴직연금에 대한 불만이 커지고 있는 것은 기준금리 인하로 이자는 낮아지고 퇴직연금운용수수료는 그대로이기 때문이다. 과거 고금리 시절에 정해진 퇴금연금의 수수료체계는 저금리시대에 맞게 조정되어야 한다. 현재 퇴금연금은 운용 자산관리수수료 명목으로 계좌 평가금액의 연 0.3~0.8%에 이르는 수수료를 매년 지불해야 한다.

퇴직연금은 2005년 도입 이후 10년이 지난 시점에 약 110조 이상의 시장으로 성장했다. 퇴직연금시장은 계속 증가해 200조원 규모의 시장이 성장할 것으로 예상되고 있다.

운용수익률에서 물가 상승률, 수수료를 공제하면 이익이 발생하지 않는 상품을 정부가 강제적으로 장기간 가입을 요구하는 것은 정부가 나서서 국민을 희생시키고 금융회사만 배불리는 정책이다.

100조에 대한 운용수수료가 8천 억이다. 운용결과 손실이 발생해도 원금손실은 가입자의 몫이다. 이런 거지같은 상품에 연금이라는 타이틀을 갖다 붙인다는게 비정상적인 일이다.

개인연금저축, 퇴직연금은 공적 연금인 국민연금과 함께 3대 연금으로 포장되고 있지만 이는 말이 되지 않는다.

연금이라면 이자가 계속 쌓이고 누적되어 노후에 필요한 생활자금을 마련하는데 기여해야 된다. 하지만 현재 민간금융회사에서 판매하는 연금상품은 그들의 이익에만 기여할 뿐, 불안한 미래를 살아가는 이 시대의 서민, 중산층의 지갑을 합법적으로 털어가는 상품에 불과하다.

은행창구에서 사라지는 ELS

"이르면 내년부터 고위험 금융상품인 주가연계증권(ELS) 등 파생결합증권의 은행 거래가 제한된다. 증권사 역시 불완전판매 논란을 피하도록 판매절차도 한층 더 강화된다. 저금리시대에 예금 이상의 수익률을 내, 한 해 70조 원이상 발생되는 등 인기를 끌었지만 복잡한 상품구조와 대규모손실로 상당수 개인 투자자들에 큰피해를 안긴 ELS 등 파생결합증권에 금융당국이 메스를 들이대는 것이다."

〈서울경제, 2016년 8월 9일〉

ELS를 포함한 모든 펀드상품이 말하는 수익률은 확정수익률이 아니라 기대수익률을 말하는 것이다.

상품 자산이 변동성이 적은 저위험자산으로 구성되어 있으면 기대수익률은 낮아지고 안정성은 높아지지만, 그 반대의 경우에는 기대수익률은 높아지고 투자의 안정성은 크게 떨어진다. 문제는 펀드 투자에 따른 운용손실 100%를 투자자가 져야 한다는 것이다. 펀드에 투자해 원금손실을 입은 투자자가 많은 것은 펀드라는 상품이 그 운용주체에만 절대적으로 유리하게 설계되고 제도화 되었기 때문이다.

펀드투자에서 높은 기대수익률이라는 단어는 펀드투자로 원금손실이 언제든 발생할 수 있다는 말로 해석되어야 마땅하다.

ELS는 지수 종목을 기초자산과 연동시켜 수익이 발생하는 구조로 설계된 파생상품으로 2003년 처음 도입됐다. 은행의 ELS 판매비중은 전체 판매의 30%에 이른다.

은행은 다수의 고객으로부터 자금을 유치하되 이를 증권사에 배분하는 신탁 형태 만으로 판매할 수 있다. 이를 가리켜 주식연계신탁(ELT)이라고 한다.

금융당국이 은행의 ELS 판매금지 조치를 마련하고 있는 이유는 은행의 고객 대부분은 은행 고유계정 상품의 특성인 원리금보장을 기대하고 투자하는 성향이 강한데, 이런 고객을 대상으로 상품구조가 복잡하고 투자위험이 높은, 파생결합증권을 판매하는 것은 부적절하다는 판단 아래 규제 방안을 시행하게 된것이다.

현재 은행권에서 판매되는 상품중에는 원리금이 보장되지 않은 상품은 위에서 말한 펀드상품과 후순위채권(자산유동화증권)이 있다.

펀드상품 판매에 있어, 계속 불완전 판매에 대한 민원이 증가하는 이유는 최근들어 펀드 상품의 설계가 매우 복잡해지면서부터 판매하는 사람도, 투자하는 사람도 상품설계 과정에 대한 이해가 없는 상태에서 판매가 이뤄지기 때문이다.

은행창구에서 대부분의 금융상품소비를 하는 보수적이면서 소극적인 투자자들이 정확하게 설명을 듣고 이해했다면, 과연 위험이 통제되지 않은 이런 고위험상품에 투자를 하겠는가. 그저 고수당, 판매 장려금에 눈이 멀어 무조건 팔고보자는 못된 심보가 투자자의 눈물을 흘르게 만들고 있다.

금융위기는
대박의 기회

"영국이 유럽연합(EU)에서 탈퇴하는 소위 브렉시트(Brexit) 결정이후 잠시 흔들렸던 국내 주식시장이 예상과 달리 빠른 속도로 안정을 찾으며 낙폭을 금세 만회했다. 전세계 주요 국가의 정책공조강화로 유동성 장세가 이어진 덕분이었다. 이 과정에서 자금력이 풍부하고 발빠른 대처가 가능한 기관 투자자와 외국인 투자자가 저가 매수 기회가 됐던 브렉시트는 짭짤한 수익을 올린 반면 개미들은 대박은 커녕 또 다시 손실만 보고 말았다. 2일 마켓 포인트에 따르면 지난 6월 24일 브렉시트 여부를 묻는 영국의 국민투표가 끝나자마자 증시가 일시적으로 휘청거렸고 그때부터 한달간 외국인들은 국내 증시에서 삼성전자와 SK하이닉스 등 정보기술(IT) 업종 대표주를 집중적으로 사들였다. 외국인은 삼성전자 주식을 평균 주당 148만 7000원에 53

만 4,300주를 사들였다. 투자금액으로는 536억 원에 이르렀다.

이날 종가와 비교하면 평가 수익률은 3.98%를 기록하고 있다. 또 SK하이닉스 주식도 4,000억 원어치 이상 사들여 3.96%의 평균수익을 얻고 있다. LG디스플레이 투자로도 6%이상 수익이 나고 있고 최근 가파른 상승곡선을 그린 만도에 투자한 외국인 평가수익률도 12%가 넘는다.〈이데일, 2016년 8월 2일〉

항상 문제는 언론이다. 언론은 실제 이상으로 공포를 키우고 이를 조장한다. 이번 브렉시트 사태에서 보여준 언론의 행태는 이전의 금융위기 상황에서 보여준 행태와 다르지 않다.

증권시장의 투자 격언 중 "남들이 공포에 떨 때 투자하고 남들이 욕심낼 때 투자를 멈춘다."라는 말이 있다. 일시적인 유동성의 위기가 실물경제를 해치는 일은 한계가 있다. 그리하여 금융위기 때 똥값으로 투매한 증권(주식, 채권)에 투자해 일생일대의 대박을 친 사람이 있는 것이다. 위기는 기회이지 위험만 있는 것이 아니다.

브렉시트에 대한 투표결과가 나오고 나서 대부분의 언론은 증권시장이 마치 붕괴라도 될 것처럼 설레발을 친다.

언론이 조성한 공포에 쫓아서 많은 개인투자자들이 우량주마저 투매에 나섰다. 그러나 이렇게까지 증권시장이 빨리 회복할 것이라고 누구도 상상하기 어려웠을 것이다. 브렉시트 사태로 한국 증시에 있던 영국계 자금 3조원이 빠져나갈 것이라고 했지만 오히려 그들은 개인투자자가 투매한 우량 종목들을 거의 싹쓸이해 사갔다.

시장이 공포에 휩싸인 상황에서 심리적 요인이 크게 작용하는 주식시장에 흔들리지 않은 강심장의 개인투자자가 얼마나 되겠는가. 하지만 시장 이라는 것은 결국 펀더멘털이라는 본질에 의해 큰 흐름이 주도된다.

정치적 위기, 유동성에 의한 주가의 변동은 시간이 문제지 언젠가 제자리로 돌아간다.

공포에 쫄지 않고 위기에 냉정한 투자를 하라.

초보자도
하루 60분 5일에
끝내는 재테크의 완성

2016년 11월 12일 초판 인쇄
2016년 11월 15일 초판 발행

지은이 | 박연수
펴낸곳 | 도서출판 청연

주소 | 서울시 금천구 시흥대로 484 (2F)
등록번호 | 제 18-75호
전화 | (02)851-8643 · 팩스 | (02)851-8644

ISBN 979-11-957227-2-3　(03320)

　＊ 저자와 협의, 인지를 생략합니다.
　＊ 잘못된 책은 본사나 구입하신 서점에서 바꾸어 드립니다.
　＊ 책값은 뒤표지에 있습니다.